괜찮아, 같이 밥 먹자

브라더 밥 프로젝트 1

괜찮아, 같이 밥 먹자

김병환 글

서툰 하루를 살아가는 날들 위에
따뜻하게 놓인 마음 한 숟갈

좋은땅

추천글

길을 묻는 젊은이에게 밥을 사 주는 멋진 선배

나는 막연하게만 생각했던 스페인의 산티아고 순례길을 두 번이나 걸었다. 걸을 수 있도록 용기를 주고 귀찮아하지 않고 안내해 준 김병환 집사님을 만나면서다. "나도 데려가 줘…", "꼭 가고 싶었는데 혼자서는 용기가 나지 않는단 말이야…". 그렇게 해서 가고 싶었던 그 길을 따라나섰고, 하루 종일 먼 길을 걷고 걸었다. 종일 걷는다는 것은 운동 그 이상의 노동이다. 더욱이나 낯선 길을 걷고 걷는 것은 그저 좋은 경치를 구경하며 감탄하는 약해 빠진 여행과는 차원이 다르다. 실제로 종일 길을 걷다 보면 몸은 무지하게 피곤하지만 정신세계는 점점 정리되었다. 일주일, 이주일을 걷다 보니 마치 온갖 잡동사니(?)들이 가득 차 있던 오래된 컴퓨터가 리셋되면서 새 컴퓨터로 거듭나는 듯한 정신세계의 '완전맑음'을 선물로 받았다.

김병환 작가는 놀랍게도 해마다 산티아고 순례길을 걸었다. 아마도 무려 7번 이상을 걸었지 싶다. 누구보다 더 바쁜 대기업의 직장 생활에서 시간을 만들어 내어서 길을 떠난다는 것은 아무나 흉내 낼 수 없는 일이다. 그는 분명히 걸으면서 창조적인 생각을 많이 했을 것이다. 그중의 하나가 인생길을 막 시작하는 후배들에게 따뜻한 길잡이가 되기로 한 것인가 보다. 그래서 교회 안의 후배들에게 누구든지 신청만 하면 고민을 들어 주고, 함께 아파하면서 따뜻하게 밥을 사 주는 멋진 브라더로 이름이 알려지기 시작했다. 자신도 바쁜 사람이면서 후배들이 원하는 시간에, 그들이 먹고 싶어 하는 메뉴를 기꺼이 응해 주었다. 아무나 흉내 낼 수 없는 일을 그는 시도했다. 어떤 대가를 바란 것은 더더욱 아니었다. 그저 좋아서 한 일이었다.

그는 산티아고 순례길을 걸으면서 생각하고 생각했으리라. 그 길에서 얻은 영감과 인생의 지혜를 누군가에게 선물로 나누어 주리라고…. 그렇게 나누어 주었던 아름다운 이야기들이 한 권의 책으로 출판이 된 것은 그저 놀랍기만 하다. 산티아고로 향하는 순례길을 걷는 이들은 처음 보는 사람들에게도 어김없이 "부엔 까미노!"를 외쳐 준다. '좋은 길!'이라는 뜻으로서 '당신의 길을 축복합니다!'라는 응원이란다. 사랑하는 후배들에게 "부엔 까미노!"를 외쳐 주는 이 책이 인생길을 묻는 그대들에게 아름다운 이정표가 되기를!

구미남교회 담임목사 천석길

프롤로그

　세 아이의 아빠로서 세상의 속도에 맞춰 달려온 시간들이 있었다. 하지만 어느 순간 달릴 힘과 의지를 잃었고, 내 안의 '열정'이라는 땔감을 모두 소진한 것을 깨달았다. 가족과 회사가 걱정되기도 했고, 무언가를 얻을 것이라는 보장이 없다는 것이 불안했지만, 떠나야만 했다. 나로서 '행복한 나'를 찾기 위해 선택한 방법은 아무도 없는 길을 묵묵히 걷는 것이었다. 많은 이들이 자신을 찾기 위해 걸어간 그 길을 나도 걸어 보았다.

　산티아고 순례길은 각자의 이유로 모인 사람들의 발걸음이 모여 만들어진 길이다. 현실의 무게와 고민에서 잠시 벗어나 자신을 돌아보고, 새로운 도전과 희망을 찾거나, 사랑하는 이와의 시간을 정리하기 위해 이 길을 찾는 이들은 저마다의 목적과 목표를 안고 걷는다. 나 역시 1년의 기다림 끝에 이곳에 도착해 노란 화살표를 따라 무작정 걷는다. 하루 평균 30km를 걸으며 인내와 고독을 친구 삼아 다음 잠자리를 향해 나아가는 이 시간, 나는 왜 이 길을 걷고 있는지 스스로에게 묻는다. 사실 걷는 것 자체가 좋아서일까? 그렇지 않다. 편안한 삶에 익숙해진 나는 평소 짧은 거리도 차를 이용할 만큼 부지런하거나 성실하지 않다. 그럼에도 이곳에 온 이유는 바로 '쉼'이다.

이 길을 걸으며 나는 많은 것을 버렸다. 평소 나를 사로잡았던 수많은 고민과 생각은 어디로 갔는지, 걷는 동안 다른 생각을 하면 몸이 무거워지고 힘들어진다. 반대로 아무 생각 없이 노란 화살표와 주변의 자연을 느끼며 걷다 보면, 자연과 하나가 된 듯 가벼운 발걸음으로 다음 목적지를 향해 가는 나를 발견한다. 왜 행복을 힘들게 걸으며 깨닫는 것일까? 아마도 그것은 버리지 못했기 때문일 것이다. 이사를 할 때처럼, 쓰지 않는 짐을 쌓아 두기만 하면 결국 더 큰 집으로 옮겨야 하는 상황이 반복된다. 우리의 생각도 마찬가지다. 채우기만 하고 버리지 않으면 삶은 더 이상 채울 수도, 버릴 수도 없는 순간에 이른다.

이곳 산티아고에서 나는 어디서 잘까? 무엇을 먹을까? 딱 이 두 가지만을 생각하며 나머지는 모두 버렸다. 두 가지 이외의 것들은 다시 사용할 수 없는 짐일 뿐이라는 것을 알기 때문이다. 이 길을 걸으며 얻은 깨달음은 일상으로 돌아갔을 때 버려진 공간이 생겨서 다시 채울 수 있는 공간이 있다는 것에 감사하고 행복을 느끼는 것이다. 그 행복을 가족과 주변 사람들과 나누며 세상을 더 밝게 만들고 싶다. 그래서 매년 이곳을 찾아 버리기 위해 준비한다.

많은 분들께서 올해도 가냐며, 대체 뭐가 좋아서 그렇게 가냐는 물음은 한 해를 거듭할수록 나에게 주는 많은 질문 중에 하나이다.

'왜 걷는가?'라는 질문에 대한 답은 '걸어 보면 알 수 있다'고밖에 할 수 없다. 지난해 만난 칠십 세를 넘긴 할머니의 이야기는 그 답을 대신한다.

젊어서 큰 걱정 없이 살다가 남편의 갑작스러운 죽음 이후 우울증에 시달렸던 그녀는 누군가의 조언으로 산티아고를 걸었다. 60일 동안 낯선 길을 걸으며 우울증이 거짓말처럼 나았고, 한국에 돌아와 다시 걸었지만 같은 효과를 보지 못했다. 단절할 수 없는 현실의 문제들이 그녀를 힘들게 했기 때문이다.

산티아고 순례길은 자연의 순수함과 투박함이 그대로 살아 있는 길이다. 화려한 인공물이나 장식 없이, 그저 끝없이 이어지는 흙길과 돌길이 홀로 걷는 이를 맞이한다. 전화도, 사람도 없는 고요한 길 위에서, 나는 온전히 나 자신과 마주하며 걷는다. 종일 걸으며 발바닥의 물집이 터지고 뼈가 쑤시는 고통이 찾아와도, 그 고통 속에서 걷는 것만이 줄 수 있는 행복을 다시 한 번 느끼고 싶어 길을 나선다.

때로는 끝이 보이지 않는 길 위에서, 자신을 극복하려는 한 사람이 되어 외로운 도전을 이어 간다. 반겨 주는 이 없는 길이지만, 그 길 자체가 주는 의미와 성취감이 나를 이끈다. 그리고 산티아고가 어떤 모습으로, 어떤 경험으로 나에게 많은 것을 내어 줄지, 그 궁금증이 나를 걷게 만든다. 자연과 나, 그리고 시간만이 존재하는 이 길 위에서, 나는 진정한 나를 만나고, 그 속에서 행복을 발견한다.

나의 인생길에서 발견한 행복을 교회 청년들과 나누기 시작했다. 지금은 환경과 여건이 한정되어 있지만, 앞으로의 계획은 불특정 다수의 청년들과 함께 이 행복을 나누는 것이다. 나는 남들보다 똑똑하지 않아 진급도 더디게 이루어졌고, 세 아이의 아빠로서 시간의 여유는 사치일 뿐이다. 결혼할 당시 경제적 여유가 없어 새마을금고에서 삼천만 원을 대출받아 간소하게 결혼식을 올렸다. 공감 능력이 부족한 경상도 남자로, 매일 아내와 아이들에게 질타를 받는 평범한 사람이다.

하지만 이런 한계 속에서도 나는 행복을 찾고, 그 행복을 나누고자 하는 마음을 품었다. 작은 시작이지만, 이 작은 나눔이 더 많은 청년들에게 긍정적인 영향을 미칠 수 있기를 바라며, 앞으로의 여정을 한 걸음씩 나아가고 있다. 내 삶의 경험과 깨달음이 누군가에게 힘이 되고, 함께 성장하는 계기가 되길 소망한다.

평범한 일상 속에서 행복을 모르고 살았던 긴 시간과 터널을 걸어 본 경험은 있다. 터널이 무엇인지, 어떻게 멈추지 않고 걸어갈 수 있는지 조금은 알고 있다. 이제야 그 마음들을 청년들과 나누기 시작했다. 고민을 털어놓기만 해도 마음이 가벼워진다는 것을 알게 되었지만, 여러 이유로 그러지 못했던 고민과 걱정을 가슴에만 품고 살았다. 그것이 부끄러운 치부라고 생각했기 때문이다. 하지만 그것이 아니라는 것을 깨닫는 데 오랜 시간이 걸렸다.

그래서 청년들의 고민을 들어 주고 따뜻한 밥 한 끼를 나누기 위해 이 일을 시작했다. 신청 방법은 간단하다. 정해진 폼을 작성해 전송하면 된다. 식사 장소와 시간, 메뉴는 청년의 의견을 100% 반영한다. 이 작은 나눔을 통해 청년들이 자신의 이야기를 털어놓고, 따뜻한 밥 한 끼를 나누며 마음의 짐을 조금이나마 덜 수 있기를 바란다. 함께 걷는 이 길이 누군가에게는 작은 위로가 되고, 또 다른 누군가에게는 새로운 시작을 위한 발판이 되길 소망한다. 평범한 일상 속에서도 행복을 찾을 수 있다는 믿음으로, 오늘도 청년들과 함께 걸어가고 있다.

목차

추천글 - 길을 묻는 젊은이에게 밥을 사 주는 멋진 선배 ··· 4
프롤로그 ··· 6

가장이라는 옷을 입은 아이 ··· 13
마음이 부른 한 공기 ··· 21
어둠 속 작은 별빛 ··· 25
넘어짐도 내 몫 ··· 31
마음을 위로하는 빗방울 ··· 41
응원이라는 사랑 ··· 51
서툰 오늘, 단단한 내일 ··· 57
달콤한 情 ··· 65
희망을 꿈꾸는 눈송이 ··· 73
한 조각의 위로 ··· 83
새벽처럼 찾아온 희망 ··· 91
빛나는 등불 하나 ··· 101
닮은 마음, 다른 모습 ··· 111
성장이 움트는 시간 ··· 119
돋아나는 씨앗 ··· 131
나만의 파이를 찾아서 ··· 137
사랑으로 엮어 가는 길 ··· 149
행복한 나로 홀로서기 ··· 155
엄마라는 이름으로 ··· 163
아내, 러닝화 끈을 묶다 ··· 171

브라더 밥 프로젝트 1

✢ 가장이라는 옷을 입은 아이 ✢

"형제를 사랑하여 서로 우애하고 존경하기를 서로 먼저 하며
부지런하여 게으르지 말고 열심을 품고 주를 섬기라"

(로마서 12:10-11)

무박 2일 동안 한양도성길을 걷기 위해 영미 님의 제안을 받았을 때, 선뜻 약속을 하지 못했다. 파주에 다녀온 이후, 그 생각이 머릿속을 떠나지 않았다. 개인적으로 7월 중순부터 8월 중순까지 꽉 찬 스케줄 때문에 시간을 끼워 넣는 것이 부담스러웠고, 한 번도 걸어 보지 않은 길에 대한 두려움도 있었다. 코로나 이후 오랜 시간 동안 걷지 못했던 나에게 이 도전은 쉽지 않은 일이었다. 하지만 한양도성길을 완주한 사람들의 이야기를 찾아보며 자신감을 얻었고, 결국 일정을 어떻게 끼워 넣을지 고민하는 데 시간이 더 걸렸다.

　이런 고민을 하는 나를 보며 아내는 "참 젊다. 진짜 젊게 산다"고 칭찬하면서도, 때로는 철이 없다고 생각하며 툭툭 말을 던지곤 했다. 그럴 때마다 속으로 '꼭 완주해서 보여 주겠다'는 생각이 들었다. 그러던 중 문득, 혼자 가는 것보다는 함께 가는 것이 좋겠다는 생각이 들었다. 아내는 걷는 것을 좋아하고, 휴일마다 하루 종일 걷고 싶다고 자주 말했던 기억이 났다. 영미 님과 D-day를 정하고 기차표를 예매한 후, 아내에게 통보하듯 '이날 한양도성길을 함께 걷고 싶어서 기차표를 예매했다'고 메시지를 보냈다. 아내는 아무 말 없이 웃기만 했지만, 함께 가겠다고 했다.

복수할 기회를 잡았다는 생각에 혼자 흥분되었고, 앞으로 일어날 일들에 대한 호기심으로 마음이 가득 찼다. 나는 이런 순간적인 희열을 즐기는 편이다. 평범한 일상을 살면서도 작은 변화를 통해 특별함을 찾는 것을 좋아한다. 예전에는 특별함을 혼자만 즐기려 했지만, 이제는 주변 사람들과 함께 나누려고 노력 중이다. 그런 노력으로 만들어진 7월 말부터 8월 중순까지의 **빡빡**한 일정 속에서도 이 특별한 도전을 끼워 넣는 나를 보며 무모하다고 생각할 수도 있지만, 아내는 그저 웃으며 응원해 주는 것 같았다.

한양도성길을 걷기 전날, 이것저것 챙기며 기대와 설렘으로 하루를 보냈다. 하지만 걷다 보니 랜턴도 없고, 회사에서 좋은 컬러 프린터로 출력한 스탬프 종이도 가져오지 않는 등 허점이 많았다. 그래도 감사한 것은 열차 시간을 잊지 않고 일찍 퇴근해 아내와 함께 기차를 타고 서울까지 간 것이었다.

서울역에서 내려 한양도성길 시작 지점인 혜화문으로 가려면 한성대역에서 내려야 했지만, 가이드북을 꼼꼼히 읽지 않아 혜화역에서 내려 5번 출구를 찾으려다 실패했다. 다시 가이드북을 다운로드해 읽으니 한성대역이었다는 것을 알고, 영미 님께도 장소를 변경해 알려 준 후 아내와 함께 한성대역 5번 출구에서 영미 님을 기다렸다.

나름 철저히 준비한다고 했지만, 실상은 허점도 많고 꼼꼼하지 못한 사람이라는 것을 다시 한번 느꼈다. 그래도 실수를 만회하기 위해 노력하는 편이라 아내에게 덜 혼나는 편이다. 사실 아내도 몇 년 만에 서울에 온 것이라 어디인지 어디로 가야 하는지 잘 몰랐지만, 그저 내 뒤통수만 보며 따라와 주었다. 이럴 때면 정말 이해심 많은 누나 같은 사람이다.

출발 전 허기진 배를 채우기 위해 근처 식당에서 각자 취향에 맞는 식사를 주문해 맛있게 먹었다. 식당이 맛집인지 반찬과 메인 요리 모두 맛있었다. 지영 님이 출발 지점으로 온다고 해서 근처 카페에서 커피를 마시며 기다렸다. 지영 님의 등장으로 분위기는 더욱 밝아졌고, 현재 행복 도파민을 주제로 작품 활동을 하는 화가답게 높은 텐션과 인사이트로 지루할 틈 없이 즐거움을 주었다. 아내는 처음 보는 영미 님과 지영 님에게도 어색함 없이 편안하게 대화를 이어 갔고, 친구처럼 잘 어울렸다.

영미님의 즉흥적인 제안으로 지영 님도 1코스를 함께 걷게 되었고, 우리 네 사람은 더욱 끈끈한 유대감을 형성하며 걸었다. 지영 님의 높은 텐션과 영미 님의 유쾌한 입담, 아내의 편안한 대화, 그리고 묵묵히 듣고 한두 마디씩 던지는 나까지 각자의 책장 속 한 페이지를 장식할 추억을 만들며 1코스를 걸었다.

추억의 책장 한 페이지를 장식할 수 있도록 도와준 영미 님과 지영 님, 그리고 아내에게 너무 감사하다. 이런 시간을 더 많이 만들고 싶다는 생각이 들었다. 지금 함께하는 사람들에 따라 행복하거나 슬프거나 힘들 수 있다는 것을 깨달았다. 누구를 만나는지가 정말 중요하다.

인생의 반려자를 잘 만난 것 같다. 먼 길 마다하지 않고 동행해 주고, 처음 보는 낯선 사람들과도 잘 어울리며 나를 배려해 주는 아내가 있어 철없는 40대를 보내고 있는지도 모른다. 하지만 지금이 아니면 언제 이런 도전을 해 보겠는가? 지금은 무모함을 혼자가 아닌 아내와 함께 하고 있기 때문에 두렵지도 힘들지도 않다. 든든한 후원자이자 동역자가 있어 더욱 감사하다. 영미 님과 지영 님, 그리고 아내와 함께한 이 시간이 더욱 풍성하고 자연스럽게 느껴졌다.

작은 변화 속의 특별함

　한양도성길 걷기를 처음 제안을 받았을 때, 처음 걷는 길에 대한 두려움과 바쁜 일정으로 인해 망설였던 기억이 생생하다. 하지만 도전에 대한 두려움을 극복하고, 새로운 경험을 통해 자신감을 얻는 과정은 "시작이 반이다"라는 말처럼, 첫걸음을 내딛는 용기가 새로운 가능성을 열어주었다.

　혼자서는 어려운 일도 함께하면 더 쉽고 즐겁게 해낼 수 있다. 아내와 친구들의 도움으로 한양도성길 완주에 대한 부담이 줄어들고, 더욱 의미 있는 경험이 되었다. 혼자서 모든 것을 해결하려 하기보다는 주변 사람들과 협력하고, 함께 목표를 이루는 과정에서 더 큰 성취감을 느낄 수 있다.

　평범한 일상 속에서도 작은 변화를 통해 특별함을 찾는 것은 삶의 활력을 불어넣는 방법 중 하나다. 새로운 도전이나 경험을 통해 일상에 신선한 자극을 주고, 이를 통해 더 넓은 세상을 경험할 수 있다. 작은 변화가 모여 큰 성장을 이끌어 낼 수 있는 것 같다.

　완벽한 준비는 어렵지만, 실수를 통해 배우고 성장하는 과정은 중요하다. 랜턴을 잊어버리거나 스탬프 종이를 가져오지 않는 등의 실수가 있었지만, 이를 통해 더 나은 준비를 할 수 있는 교훈을 얻었다. 실수를 두려워하지 말고, 그 과정에서 배우고 성장할 수 있는 기회로 삼았다.

새로운 사람들을 만나고, 그들과의 교류를 통해 삶의 풍요로움을 느낄 수 있다. 처음 만난 영미 님과 지영 님과의 만남은 단순한 걷기를 넘어 깊은 유대감과 추억을 만들어 주었다. 다양한 사람들과의 만남을 통해 새로운 관점을 얻고, 삶의 폭을 넓히는 기회를 만들어야 한다.

"지금이 아니면 언제 이런 도전을 해 보겠는가?"라는 질문은 현재이 순간을 소중히 여기라는 메시지를 담고 있다. 미래의 불확실성에 얽매이기보다는 현재를 즐기며, 하고 싶은 일에 도전하는 것이 중요하다. 현재의 경험이 미래의 밑거름이 될 것이다.

이 글은 도전에 대한 용기와 함께하는 힘의 소중함을 일깨워 주며, 작은 변화 속에서도 특별함을 발견하고, 실수를 두려워하지 않고 나아가며, 다양한 사람들과의 만남을 통해 삶의 풍요로움을 느끼는 여정을 응원한다.

브라더 밥 프로젝트 1

✦ **마음이 부른 한 공기** ✦

"누구든지 지혜가 부족하거든 모든 사람에게 후히 주시고
꾸짖지 아니하시는 하나님께 구하라 그리하면 주시리라"

(야고보서 1:5)

삼성전자 무선사업부 S/W 개발자로서, 한 가정의 남편이자 세 아이의 아빠로서 세상의 속도에 맞춰 달려온 시간들이 있었다. 하지만 어느 순간부터 달릴 힘과 의지를 잃었다. 나도 모르는 사이 내 안의 '열정'이라는 땔감을 모두 소진한 것이었다. 가족과 회사가 걱정되기도 했고, 무언가를 확실하게 얻을 것이라는 보장이 없다는 게 불안하기도 했지만, 떠나야만 했다. 나로서 '행복한 나'를 찾기 위해 택한 방법은 단순했다. 아무도 없는 길을 묵묵히 걷는 것이었다. 많은 이들이 자신을 찾기 위해서 걸어간 그 길을, 나도 걸어가 보았다. 그리고 지금은 아들과 함께 각자의 길을 걸어가고 있다.

나의 인생길 가운데 찾아가고 있는 행복을 내가 몸담고 있는 교회 청년들과 함께 나누기 시작했다. 지금은 환경과 여건이 한정된 상태에서 진행을 하지만, 앞으로의 계획은 불특정 다수의 청년들과 함께 나눔을 가지는 것이다. 왜 이런 일을 하냐고 물어보는 분들이 있다. 이에 대해 나 자신에게 물어보고 또 물어봤다.

1. 내가 똑똑해서?
2. 내가 시간적 여유가 많아서?

3. 내가 돈이 많아서 부자여서?
4. 내가 말을 잘해서?
5. 내가 공감을 잘해서?

등등 여러 가지 질문에 대해 나 자신에게 물어봤지만, 저기 있는 질문 중 어느 것 하나 해당사항이 없다. 똑똑하지도 않기 때문에 진급도 남들처럼 하지 못했다. 40대 중반을 지나가고 있는 지금 시점에 세 아이의 아빠인 나에게 시간의 여유는 그저 사치일 뿐이다.

하지만 나는 평범한 일상 가운데 행복을 모르고 살았던 긴 시간과 터널을 걸어 보았다. 그래서 터널이 무엇인지, 어떻게 하면 터널에서 멈추지 않고 걸어갈 수 있는지는 알고 있다. 지금 내 나이 40 중반이 되어서야 비로소 완벽하게는 다 알지 못하지만, 조금은 알 수 있는 것 같다. 이 마음들을 청년들과 함께 나누고자 시작하게 되었다.

한참을 돌고 돌아 지금이 되어서야 내가 가지고 있는 고민을 그 누군가에게 털어놓기만 하여도 답답한 마음이 한결 가벼워진다는 것을 알게 되었다. 하지만 그렇게 하기에는 여러 가지 어려운 상황과 조건들로 인해 그러지 못했던 고민과 걱정들을 가슴에만 품고 갑갑하게 살았던 것 같다. 사실 고민과 걱정은 남들에게 말하기조차 부끄러운 나의 치부라고 생각했기 때문일 것이다. 그게 아니라는 것을 깨닫는 데 정말 오랜 시간이 걸린 것 같다.

그래서 마음을 나누고자 이 일을 시작하기로 마음먹었다. 고민을 털어놓는다고 모든 문제가 해결되는 것은 아니지만, 낯선 사람 앞에서는 쉽게 속마음을 나눌 수 있고, 그 순간 마음이 한결 가벼워지는 마법 같은 경험을 할 수 있다는 것은 확신할 수 있다. 청년들의 이야기를 듣고, 따뜻한 밥 한 끼를 나누며 정을 나누고자 한다.

이 일을 진행하는 사람이 어떤 사람이냐고요? 궁금하다고요? 저는 삼성전자 18년 차 S/W 개발자입니다. 고딩, 중딩, 초딩 세 아이의 아빠이고 한 가정의 가장입니다. 빠져나오지 못할 깊은 터널에서 조금씩 걸어 나오고 있는 사람입니다. 그리고 청년이 점점 많아져서 세상이 젊어지고 행복해지고 밝아지기를 응원하는, 청년을 사랑하는 김병환입니다.

작은 나눔을 통해 청년들이 자신의 이야기를 털어놓고, 따뜻한 밥 한 끼를 나누며 마음의 짐을 조금이나마 덜 수 있기를 바란다. 이 길을 함께 걸으며 누군가에게는 작은 위안이, 또 다른 누군가에게는 새로운 출발의 디딤돌이 되기를 바란다. 일상 속에서도 행복을 발견할 수 있다는 믿음을 가지고, 오늘도 청년들과 함께 나아가고 있다.

브라더 밥 프로젝트 1

✦ 어둠 속 작은 별빛 ✦

"너희 염려를 다 주께 맡기라
이는 그가 너희를 돌보심이라"

(베드로전서 5:7)

시내 낭만주꾸미에서 열린 1회 '브라더 밥' 만남은 순자의 취업 고민과 진심을 나누는 따뜻한 시간이었다. 순자는 학교 졸업 후 취업을 준비하는 중이었는데, 코로나 이전인 2019년에 졸업했지만, 팬데믹으로 인해 줄어든 직장과 인력 수요로 인해 제대로 된 직장에 취업하는 데 어려움을 겪고 있었다. 취업을 위해 꾸준히 공부하고 있지만, 취업 시장은 점점 더 좁아지고 있으며, 특히 중소기업의 고용 불안정이 큰 문제로 대두되고 있었다.

코로나 이후 중소기업의 매출 감소와 경기 침체로 인해 많은 중소기업이 파산하거나 고용 여력이 줄어들었고, 이는 취업 시장에 악영향을 미쳤다. 특히 순자를 포함한 청년층이 가장 큰 타격을 받았으며, 장기간의 미취업으로 인한 스트레스와 정신적 피로로 인해 취업을 포기하는 청년들이 늘어나고 있는 실정이다. 함께 식사를 하며 이야기를 나눈 순자 역시 취업을 위해 포기하지 않고 노력하고 있지만, 면접 기회조차 얻기 어려운 상황이 반복되면서 마음이 위축되고 있었다. 그녀는 올해 나이가 더 들기 전에 꼭 취업을 하고 싶다는 간절한 바람을 표현하며, 가족들에게 미안함과 친구들을 만나는 것조차 사치라고 느낄 정도로 힘든 시기를 보내고 있다고 토로했다.

그러던 중 우연히 인스타그램에서 '브라더 밥'을 알게 되어 신청을 하게 되었다. 순자는 취업에 대한 간절함과 가족에 대한 미안함을 눈과 목소리로 전달했다. 그녀의 이야기는 깊은 공감을 불러일으켰다. '브라더 밥'이 끝난 후에도 그 간절함과 느낌은 오래도록 마음에 남아 울림을 주었다. 비록 그녀의 문제를 직접 해결해 주지는 못했지만, 함께 공감하고 하나님께 취업의 길이 열리기를 기도하며 서로를 응원하기로 약속했다.

감사한 것은 순자 역시 같은 믿음을 가진 자매로, 어려운 상황 속에서도 예배에 빠지지 않고 신앙생활을 잘 이어 가고 있다는 점이었다. 또한 교회 봉사에도 관심이 있다며 기회가 된다면 참여하고 싶다는 의사를 밝혔다. 힘든 시기에도 더 어려운 곳을 돕고자 하는 순자의 마음은 참으로 귀하게 느껴졌다.

'브라더 밥'과 함께한 점심 식사는 짧은 시간이었지만, 우리 두 사람에게는 참으로 소중하고 뜻깊은 순간이었다. 순자의 이야기를 듣고 공감하며 교제하는 과정에서 서로에게 위로와 힘이 되었다. 작은 믿음과 섬김으로 시작된 '브라더 밥' 첫 번째 참가자가 되어 준 순자에게 감사와 고마움을 전했다. 아직 희망이 있는 세상을 살아가고 있다는 생각에 행복한 하루를 보낼 수 있었다.

한편, 최근 고용보험 가입자 수치를 통해 취업 시장의 감소세를 살펴보면, 저출생·고령화로 인한 인구 감소와 내수 부진으로 인해 고용보험 가입자 증가폭이 20만 명 아래로 떨어졌다. 특히 건설업과 제조업의 가입자 수가 지속적으로 감소하고 있으며, 29세 이하 청년층의 취업 시장 진입은 인구 감소의 직격탄을 맞아 25개월째 감소세를 보이고 있다. 이는 코로나19 확산 시기보다 더 심각한 수준으로, 청년들의 취업 문이 얼마나 살얼음판 같은지를 보여 준다.

  이러한 통계는 순자를 비롯한 청년들이 체감하는 취업 시장의 어려움을 더욱 실감나게 보여 주었고, '브라더 밥'이 청년들에게 작은 위로와 힘이 되기를 바라는 우리의 마음을 더욱 굳건하게 해 주었다. 앞으로도 '브라더 밥'이 더 많은 청년들과 만나 그들의 이야기에 귀 기울이고 공감하며, 함께 희망을 나누는 따뜻한 자리가 되기를 소망한다.

취업의 현실

졸업 후 취업을 준비하는 많은 사람들은 팬데믹 이후 좁아진 취업 시장과 중소기업의 고용 불안정 속에서 어려움을 겪고 있다. 저출생·고령화로 인한 인구 감소, 내수 부진, 그리고 건설업과 제조업의 위축은 취업을 희망하는 이들에게 더욱 높은 벽이 되고 있다. 특히 29세 이하 고용보험 가입자 수는 25개월째 감소세를 보이며, 이는 코로나19 확산 시기보다 더 심각한 수준이다.

하지만 이런 위기 속에서도 포기하지 않는 이들이 있다. 순자는 꾸준히 공부하며 면접 기회를 얻기 위해 노력하고 있다. 그녀는 가족들에게 미안함을 느끼고, 친구들을 만나는 것조차 사치라고 여길 정도로 힘든 시기를 보내고 있지만, 취업에 대한 간절한 소망과 가족에 대한 사랑을 잃지 않고 있다. 순자처럼 어려움을 겪는 많은 청년들은 신앙을 지키고, 더 어려운 이웃을 돕고자 하는 귀한 마음을 품으며 삶의 가치를 실천해 나가고 있다.

'브라더 밥'과 같은 작은 시작이 취업을 준비하는 이들에게 위로와 용기가 되어 줄 수 있다. 밥 한 끼를 나누며 서로의 이야기를 듣고 공감하는 시간은 우리에게 작은 희망을 선물한다. 순자의 이야기는 깊은 울림을 주었고, 비록 문제를 직접 해결하지는 못했지만, 함께 기도하며 서로를 응원하는 과정에서 위로와 용기를 얻었다.

여전히 취업 시장은 살얼음판 같지만, 희망은 있다. 포기하지 않고 꿈을 향해 나아갈 수 있도록, 우리 모두가 그들의 곁에서 응원하고 지지하는 것이 중요하다. 희망은 작은 시작에서 비롯된다. 순자처럼 어려움을 겪고 있는 사람들이 꿈을 포기하지 않고, 더 나은 미래를 향해 나아갈 수 있도록 함께 손을 잡고 걸어가야 한다.

삶이 때로는 지치게 하여도, 희망은 여전히 곁에 머물며 조용히 우리를 감싸 주는 존재다. 우리가 서로에게 작은 온기를 건넬 때, 그 희망은 더욱 깊어지고 따뜻해지는 법이다. 한 줌의 믿음과 섬김으로 시작된 '브라더 밥'이 앞으로도 더 많은 이야기를 품고, 마음을 어루만지는 따뜻한 시간이 되기를 바란다.

브라더 밥 프로젝트 1

✦ 넘어짐도 내 몫 ✦

"여호와께서 너를 위하여 하늘의 아름다운 보고를 여시사 네 땅에 때를 따라 비를 내리시고 네 손으로 하는 모든 일에 복을 주시리라 네가 많은 민족에게 꾸어줄지라도 너는 꾸지 아니할 것이요"

(신명기 28:12)

교회 앞 마마정의 식탁에서 열린 2회 '브라더 밥' 만남은 상철과 진솔한 이야기를 나누며 서로를 이해하는 소중한 시간이었다. 상철은 네 번째로 신청한 청년이었지만, 시간 조율이 잘되어 두 번째 만남의 신청자로 선정되었다. 첫 번째 만남 이후 신청자 수가 크게 늘어나면서 시간 약속을 잡는 것이 쉽지 않았다. 그래서 최대한 겹치지 않고 많은 시간을 함께 보낼 수 있는 날짜를 선정하는 것이 무엇보다 중요했다.

이 과정에서 몇 가지 규칙을 나름대로 정해 보았다. 첫 번째, '브라더 밥'을 통해 청년과의 만남 자체가 중요하지만, 청년의 바쁜 일정 가운데 만남을 가지는 만큼 청년들의 시간과 여건에 맞춰 만남을 진행하려고 한다. 그래도 최대한 가능한 날 중 함께할 수 있는 시간이 긴 날로 정하려고 한다.

두 번째로 나에게도 바쁜 일상이 있기 때문에 무리하지 않는 선에서 선택과 집중을 하기 위해 일주일에 딱 한 명의 청년을 만나려고 한다. 그렇다고 매주 한 명씩 만나면 좋겠지만, 이것도 무리가 있을 것 같아 현재 고민 중이다.

세 번째로 청년의 이야기를 들어 주는 시간인 만큼 최대한 나의 이야기는 자제하고, 청년의 이야기에 더욱 관심을 가지고 귀를 열어 듣는 것에 집중하려고 한다. 하지만 대화라는 것이 어느 한쪽이 일방적일 수 없기 때문에 과연 그렇게 될지 모르겠지만, 최대한 듣는 것에 더 집중하려고 한다.

이 세 가지 규칙을 나름대로 정해 놓았지만, 과연 정해진 대로 될지는 미지수이다. 하지만 최대한 정한 규칙에 따라 진행해 보려고 한다.

오늘 만남을 가진 상철은 대학에 진학할 때 본인의 적성보다는 성적에 맞춰 학교와 전공을 선택하다 보니 졸업 후 취업을 준비하면서 많은 어려움을 겪었다. 그리고 적성에 맞지 않지만 전공과 관련된 곳에 취직을 해서 회사 생활을 했지만, 매일 출근해서 회사 생활을 하는 것 자체가 힘들었다고 한다. 그래서 얼마 지나지 않아 퇴사를 했고, 현재는 전공과 전혀 다른 직종의 일을 하고 있다. 새로 시작한 일이 적성에 맞는 직업인지는 알 수 없지만, 취직을 해서 돈을 벌어야 하는 상황이기에 도전 아닌 도전을 나름 하면서 열심히 살아 보려고 마지막 끈을 붙잡고 살아가는 것 같다.

직업이 가진 특성 때문에 친구와 주변의 사람들에게 좋지 않은 시선과 느낌을 받고 있지만, 본인이 선택한 것에 대한 후회하지 않는 삶을 살기 위해서 열심히 하고 싶다는 의지가 보였다. 그리고 지인의 권유로 지금의 일을 시작하게 되었는데, 정말 열심히 해서 권유한 지인에게 훗날 감사의 인사를 꼭 하는 날을 만들고 싶다는 포부와 속마음도 털어놓았다.

주변의 시선과 환경에 굴하지 않고 열심히 하려는 자신감과 포부에 무한한 응원과 박수를 보내고 싶다. 그리고 우리에게도 너무나 친숙하고 미국 역사상 중요한 인물 중 한 명으로 꼽히며, 미국의 모든 세대에 영감을 주고 있는 미국 제16대 대통령 에이브러햄 링컨을 소개해 주고 싶다.

에이브러햄 링컨은 미국에서 존경받는 대통령 중 한 명이다. 그러나 대통령이 되기 전까지 링컨의 인생은 실패와 시련의 연속이었다. 링컨 스스로 자신의 성공의 원동력을 많은 실패에서 찾았을 정도이다. 아버지 토머스 링컨은 가난한 농부였고 어머니 낸시 행크스는 미혼모의 딸이었으며 둘 다 문맹이었다. 링컨은 열다섯 살이 되어서야 겨우 글을 떠듬떠듬 읽을 수 있었고, 그때까지 글은 쓸 줄도 몰랐다. 링컨을 연구한 전문가들은 링컨이 공식적으로 27번의 실패를 경험했다고 한다.

15세 - 집을 잃고 길거리로 쫓겨남.
23세 - 사업 실패.
24세 - 주 의회 선거에서 낙선.
25세 - 사업파산. 이 빚을 갚기 위해 17년간 고생함.
26세 - 약혼자의 갑작스러운 사망.
28세 - 신경쇠약으로 입원.
30세 - 주 의회 의장직 선거에서 패배.
32세 - 정부통령 선거위원 출마 패배.
35세 - 하원의원 선거 낙선.
36세 - 하원의원 공천 탈락.

40세 – 하원의원 재선거 낙선.

47세 – 상원의원 선거 낙선.

48세 – 부통령 후보 지명 전 100표 차로 낙선.

50세 – 상원의원 출마 낙선.

링컨이 실패를 거듭하자 그의 친구들이 모든 칼과 흉기들을 그의 주변에서 다 치워 버렸다고 한다. 자살할까 두려워서였다. 일리노이의 어느 일간 신문에서는 "정치인 중에 가장 불운한 사람. 어떤 것이든 실패할 운명을 가지고 있는 사람. 보통 사람 같으면 완전히 헤어나지 못할 실패를 링컨은 밥 먹듯이 하고 있다"라는 기사를 쓸 정도였다. 그러나 링컨은 절망의 감옥에 갇혀 있지 않았다. "넘어진 것이 아니라 단지 미끄러졌을 뿐이야" 하며 음식점으로 달려가서 배가 부를 정도로 음식을 많이 먹었다고 한다. 이어서 이발소로 가서 머리를 곱게 다듬고 기름도 듬뿍 바르고는 다시 시작했다.

마침내 링컨은 52세 되던 해 16대 대통령에 당선되었고, 연이어 재선되었다. 링컨이 대통령의 자리에 오를 수 있었던 것은 시련에도 좌절하지 않고 꿈을 향해 달려왔기 때문이다. 링컨이 수많은 정적들과 주변 사람들의 무시를 받았음에도 불구하고 위대한 대통령이 되고 명연설을 남길 수 있었던 것은 그 많은 실패 과정에서 자신의 인격을 다졌기 때문이다. 시련이 한 사람을 세상에 대해서 증오하는 사람으로 만들 수도 있다. 그러나 오히려 그것을 자신의 인격을 다지는 계기로 삼아 더 큰 그릇으로 빚어져 나오는 사람도 있다.

지금은 모두 다 힘들겠지만, 힘들다고만 투정 부리지 않고 지금에 머무르지 않고 본인이 할 수 있는 일에 최선을 다해서 진짜 열심히 살아 보려고 노력한다면 남몰래 흘린 땀방울은 절대 상철을 배신하지 않을 것이다. 하지만 지금 이 시기를 살아가는 모두 다 느끼는 것이겠지만, 열심히만 산다고 해서 모두 다 잘살게 되는 게 아니라는 것 또한 큰 문제이고 숙제인 것 또한 사실이다. 때에 따라서는 문제를 어떻게 해결해야 할지 해결책을 찾지 못할 때가 더 많지만, 우리는 아직 젊음이란 희망을 가지고 열심히 살아가고자 하는 상철과 같은 청년들이 있기에 희망이 있다 생각한다.

그리고 지금은 힘들고 어려운 순간 속에 앞이 보이지 않는 긴 터널을 지난다 생각하겠지만, 지금보다 더 탄탄한 나를 만들기 위한 한 과정 중에 하나라 생각한다면 지금의 긴 터널 속에 나를 맡기고 한 번쯤은 지나가 보려는 용기 또한 필요하다 생각한다. 그리고 무엇보다 나 혼자가 아니기에 가능하다 생각한다.

수많은 실패와 좌절에도 본인을 더욱 단단히 만들어 갔던 링컨의 교훈으로 삼아 노력하는 멋진 인생을 만들어 갔으면 좋겠다. 그 용기와 선택에 응원의 박수를 보낸다.

사실 오늘 만남을 가진 상철은 내가 교회 주일학교 교사로 섬길 때 있었던 초등부 학생이었다. 그 아이가 청년이 되어 오늘 함께 밥을 먹으며 서로의 생각과 고민 등을 나누고 있다는 것이 새삼 신기하고 마음을 열어 나에게 마음을 털어 준 오늘 두 번째 청년이 감사하고, 아이들을 위해서 지금도 헌신하고 계시고 기도해 주시는 주일학교 선생님들이 너무 감사하고 또 감사하고 고맙다는 생각이 든다.

이 자리를 빌려 아무 헌신적으로 주일학교 아이들을 위해서 기도와 사랑으로 섬겨 주시는 주일학교 선생님들께 진심으로 감사드립니다.

오늘도 귀한 만남을 위해서 신청하고 고민을 함께 공유해 준 상철과 의미 있는 시간을 가질 수 있는 행복한 하루를 보낼 수 있어서 감사하다.

상철과 함께한 이 작은 만남이 청년들에게 작은 위로와 응원이 되길 바라며, 앞으로도 더 많은 청년들과 함께 걸어가며 그들의 이야기를 듣고 싶다. 함께 걷는 이 길이 누군가에게는 작은 위로가 되고, 또 다른 누군가에게는 새로운 시작을 위한 발판이 되길 소망한다.

청년의 시기는 도전과 실패, 그리고 성장의 연속이다. 때로는 길을 잃고 방황할 때도 있고, 원하는 대로 일이 풀리지 않아 좌절할 때도 있다. 하지만 그 모든 순간이 나를 더 단단하게 만드는 과정임을 기억하자. 실패는 끝이 아니라 새로운 시작의 기회이며, 지금의 어려움은 더 큰 나를 만들기 위한 준비 단계일 뿐이다.

상철처럼 자신의 길을 묵묵히 걸어가며, 주변의 시선과 환경에 흔들리지 않고 자신의 선택을 믿고 나아가는 청년들이 많아질수록 세상은 더 밝고 희망차게 변할 것이다. 우리는 혼자가 아니다. 서로를 응원하고, 함께 걸어가며, 서로의 이야기를 들어 주는 것만으로도 큰 힘이 된다.

이 글을 읽는 모든 청년들에게 말하고 싶다. 지금의 어려움은 잠시일 뿐, 당신 안에는 무한한 가능성과 잠재력이 있다. 포기하지 말고, 한 걸음 한 걸음 나아가자. 그리고 언젠가 뒤돌아봤을 때, 지금의 이 시간들이 당신을 더 강하고 지혜로운 사람으로 만들어 주었다는 것을 깨닫게 될 것이다.

실패는 끝이 아닌 새로운 시작이다

우리 시기는 도전과 실패, 그리고 성장의 연속이다. 때로는 길을 잃고 방황할 때도 있고, 원하는 대로 일이 풀리지 않아 좌절할 때도 있다. 하지만 그 모든 순간이 나를 더 단단하게 만드는 과정임을 기억해야 한다. 실패는 끝이 아니라 새로운 시작의 기회이며, 지금의 어려움은 더 큰 나를 만들기 위한 준비 단계일 뿐이다.

상철처럼 자신의 길을 묵묵히 걸어가며, 주변의 시선과 환경에 흔들리지 않고 자신의 선택을 믿고 나아가는 사람들이 많아질수록 세상은 더 밝고 희망차게 변할 것이다. 우리는 혼자가 아니다. 서로를 응원하고, 함께 걸어가며, 서로의 이야기를 들어 주는 것만으로도 큰 힘이 된다.

지금의 어려움은 잠시일 뿐이다. 우리 안에는 무한한 가능성과 잠재력이 있다. 포기하지 말고 한 걸음, 한 걸음 나아가야 한다. 그리고 언젠가 뒤돌아봤을 때, 지금의 이 시간들이 우리를 더 강하고 지혜로운 사람으로 만들어 주었다는 것을 깨닫게 될 것이다.

에이브러햄 링컨은 수많은 실패와 좌절을 겪었지만, 그 과정에서 자신의 인격을 다지고 더 큰 꿈을 향해 나아갔다. 그의 삶은 우리에게 이렇게 말한다. "넘어진 것이 아니라 단지 미끄러졌을 뿐이다. 다시 일어나 걸어가면 된다", "실패는 성공의 어머니다"라는 말을 증명하는 듯, 링컨의 경험은 우리에게 실패를 두려워하지 말고, 그 속에서 성장과 기회를 찾으라는 교훈을 준다.

주변의 시선과 환경이 힘들게 할 수 있지만, 곁에는 우리를 응원하고 지지하는 사람들이 있으며, 그들의 사랑과 기도가 이 여정에 힘이 될 것이다. 또한, 지금의 고통은 미래의 자신을 위한 투자로, 긴 터널을 지나는 것 같은 순간도 있지만, 그 터널을 지나며 더 단단해지고, 더 강해질 것이며, 지금의 고통은 미래의 더 탄탄한 자신을 만들기 위한 과정이다.

때로는 길을 잃을 수도 있지만, 그 길 위에서 새로운 기회를 발견할 수 있다. 그 시기는 짧지만, 그 시간은 우리의 미래를 결정짓는 중요한 순간들이다. 실패를 두려워하지 않는다면 실패는 우리를 더 큰 성공으로 이끌 것이다. 지금의 어려움을 극복하고, 더 나은 내일을 향해 나아가야 한다. 그리고 언젠가 뒤돌아봤을 때, 지금의 이 시간들이 우리를 더 강하고 지혜로운 사람으로 만들어 주었다는 것을 깨닫게 될 것이다. 함께 걷는 이 길이 누군가에게는 작은 위로가 되고, 또 다른 누군가에게는 새로운 시작을 위한 발판이 되길 소망한다.

브라더 밥 프로젝트 1

✧ 마음을 위로하는 빗방울 ✧

"너희가 짐을 서로 지라 그리하여
그리스도의 법을 성취하라"

(갈라디아서 6:2)

며칠째 비가 많이 내린 후 아침저녁으로 일교차가 심하게 느껴질 만큼 기온이 많이 내려갔다. '브라더 밥' 3번째 주인공인 영호와 약속한 시간은 저녁 7시였다. 아직 퇴근을 하려면 한참이 남았지만, 영호를 만날 기대감과 추운 날씨에 '혹시나 약속시간보다 일찍 나와서 기다리고 있지는 않을까'란 걱정 아닌 걱정과 염려 때문에 퇴근을 조금 일찍 해서 영호에게 전화를 했다. 아니나 다를까, 내가 예상했던 시간보다 영호는 미리 만남을 준비하고 있었고, 버스를 타고 약속장소로 이동하고 있었다. 그 덕분에 우리 두 사람은 미리 정한 약속시간보다 30분이나 더 일찍 만날 수 있었다.

오늘 만남을 위해서 평소보다 조금 일찍 회사에 출근해서 일과를 시작했다. 하지만 일은 쉽게 손에 잡히지 않고, 계속해서 뜬구름 잡듯이 다른 생각들이 머릿속을 맴돌았다. 무엇을 먹을까? 어떤 이야기를 할까? 일보다는 오늘 만나게 될 영호와 함께할 시간을 더 기다리고 있었다. 사실 오늘 만남을 신청한 영호는 유년기 시절을 알고 있을 만큼 오랫동안 알고 지낸 사이다. 그래서 나는 영호에 대해서 잘 알고 있다고 만나기 전까지는 자부하다시피 했다. 하지만 그 생각은 나의 예상을 완벽하게 빗나가고 말았다. 내가 알고 있는 영호에 대한 기억은 유년기에 머물러 있었다는 것을 첫마디를 나눠 보는 순간 금방 알 수 있었다. 벌써 나이가 30세가 넘어가고 있는 영호를 바라보고 있는데, 내가 알고 있는 영호에 대한 기억은 얼마 되지 않는다는 것을 알게 된 순간 미안함으로 가득 차기 시작했다.

대학을 졸업하고 작년까지 직장을 구하지 못해서 아르바이트를 하고 지냈다. 생각처럼 직장을 구하는 것이 쉽지 않았고, 힘든 취업문을 두드리는 시간이 길어질수록 본인의 진로에 대해서 걱정과 근심만이 지나간 시간의 빈자리를 채워 가고 있었다. 그런 가운데 올해 하반기에 6개월 단기 계약의 직장이지만, 직장 느낌이 날 만큼 생활할 수 있는 곳에 취직이 되어 현재 직장 생활을 하고 있고, 그 만족도가 많이 높은 편이었다. 단기 계약의 직장이지만, 열심히 직장 생활 할 수 있는 곳이 생겼다는 것에 가족들과 주변의 많은 사람들이 기뻐해 주고 축하해 주어서 잠깐이지만 행복하고 기쁨이 가득했다고 전해 주었다. 하지만 이것도 내년 2월이 되면 계약기간이 끝나게 되는데, 다시 계약을 할 수 있을지 걱정과 함께 대학에서 공부한 전공을 살리기 위해서 일자리를 찾고 싶은데, 본인의 환경과 현실에 맞는 일자리를 찾을 수 있을지 많은 고민을 하고 있었다. 또한 하고 싶은 일을 찾았다고 해도, 과연 이 일이 본인의 적성에 맞는 일인지 또다시 고민을 반복해야 하는 현실에 오늘도 전공과 다른 일을 하면서 본인만의 꿈을 위해서 열심히 살아가고 있는 영호였다.

내가 알고 있는 영호는 믿음 좋은 부모님 품에 좋은 신앙심을 가지고 잘 자랐다고만 생각했지, 교회와 본인의 생활 그리고 사회의 한 일원으로 살아가기 위해서 이렇게 수많은 고민과 생각을 하고 있다는 사실을 그에게 듣기 전까지는 몰랐다. 영호가 지금 고민하고 있는 이 고민들은 나 역시 죽을 때까지 고민해도 풀리지 않는 숙제일 것이다. 하지만 영호가 이제 혼자가 아니라 고민을 함께 나눠 줄 수 있는 형이 있다는 사실을 기억해 주었으면 좋겠다.

중국 속담 중에 "기쁨은 나누면 배가 되고 슬픔은 나누면 반이 된다"라고 했다. 지금은 마음이 힘들고 무엇을 어떻게 어디서부터 시작해야 할지 모르는 상태이지만, 그 마음들을 혼자 고민하지 말고 본인을 알아줄 수 있는 사람들과 함께 나누다 보면 어느샌가 시작의 출발점을 찾아서 영호가 하고 싶어 했던 일들을 하면서 함께 마음을 나눠 주었던 주변의 많은 사람들과 함께 행복을 나누고 있을 것이다. 그리고 가끔은 다른 사람들의 고민을 함께 나눠 가질 수 있는 행복한 마음의 공간이 생겨난다면, 다른 청년들에게 그 마음을 함께 나눌 수 있는 영호가 되었으면 좋겠다. 그러다 보면 좋은 사람들을 만나게 될 것이고, 좋은 일들만 가득할 것이라 믿어 의심치 않는다. 왜냐하면 아직까지 세상은 행복을 나누고 싶은 좋은 사람들이 많기 때문이다.

오늘 만난 영호는 '브라더 밥'을 2번째로 신청한 청년이지만, 실제 만남은 3번째인 청년이다. 1번째 신청 만남이 부담스러워서 신청을 주저했지만, 2번째 신청은 꼭 본인이고 싶어서 신청했다는 농담 섞인 진솔한 고백이 아직은 내가 세상의 한 일원으로 조금은 쓸모 있는 사람이라는 사실을 일깨워 주는 것 같아서 영호의 고백이 감사함으로 느껴지는 시간이었다. 그리고 행복한 나를 만들기 위한 또 하나의 '브라더 밥', 그 희망의 불씨를 지펴 준 영호와의 만남 덕분에 오늘도 행복한 하루를 보낼 수 있어서 고마움과 감사함을 느낀다.

오늘도 이렇게 기쁨과 행복이 가득한 순간을 살아가고 있음에, 그 사실만으로 마음이 따뜻해진다. 끝으로는 영호가 좋은 자매를 만나서 주변의 많은 사람들에게 선한 영향력을 끼치는 행복한 가정을 이루기를 간절히 기도한다.

영호와의 만남은 단순히 밥을 먹는 시간을 넘어 서로의 이야기를 나누고 공감하며 위로하는 소중한 시간이었다. 영호의 고민과 꿈, 그리고 미래에 대한 이야기를 들으며 나도 많은 것을 배우고 느낄 수 있었다. 이 작은 만남이 영호에게 작은 위로가 되고, 또 다른 누군가에게는 새로운 시작을 위한 발판이 되길 소망한다. 앞으로도 더 많은 청년들과 만나 그들의 이야기를 듣고 공감하며, 함께 희망을 나누는 자리를 만들어 가고 싶다.

오늘 만남을 통해 다시 한번 깨달은 것은, 우리는 혼자가 아니라는 사실이다. 서로의 이야기를 나누고, 함께 걸어가며, 서로의 짐을 나누어 질 때 우리는 더 강해지고 더 행복해질 수 있다. 영호의 꿈을 응원하며, 앞으로도 그의 여정을 함께 걸어가고 싶다. 그리고 이 글을 읽는 모든 청년들에게도 전하고 싶다. 지금의 어려움은 잠시일 뿐, 당신 안에는 무한한 가능성과 잠재력이 있다. 포기하지 말고 한 걸음, 한 걸음 나아가자. 그리고 언젠가 뒤돌아봤을 때, 지금의 이 시간들이 당신을 더 강하고 지혜로운 사람으로 만들어 주었다는 것을 깨닫게 될 것이다.

함께 걷는 여정, 희망의 시작

우리의 삶은 도전과 고민의 연속이다. 불확실한 미래, 끝없이 이어지는 선택의 기로, 그리고 스스로의 가치를 증명해야 하는 압박 속에서 많은 이들이 방황한다. 그러나 이러한 어려움 속에서도 희망은 존재한다. 오늘의 작은 발걸음이 내일의 밑거름이 되고, 작은 변화가 큰 성장으로 이어진다는 사실을 우리는 기억해야 한다.

영호의 이야기는 많은 이들에게 위로와 용기를 준다. 대학 졸업 후 취업의 문턱에서 좌절하고, 아르바이트로 생계를 이어 가며 진로에 대한 고민을 거듭했던 시간들. 그러나 그는 포기하지 않았다. 단기 계약직으로 직장 생활을 시작하며 새로운 기회를 찾았고, 그 과정에서 가족과 주변 사람들의 응원과 축하를 받으며 행복을 느꼈다. 비록 계약 기간이 끝나 가고 새로운 도전을 앞두고 있지만, 영호는 자신의 꿈을 향해 꾸준히 나아가고 있다.

이 과정에서 영호는 혼자가 아니었다. 고민을 나눌 수 있는 형, 친구, 그리고 주변의 따뜻한 사람들이 그의 곁을 지켰다. "기쁨은 나누면 배가 되고 슬픔은 나누면 반이 된다"는 말처럼, 우리는 서로의 이야기를 나누고 공감하며 함께 성장할 수 있다. 많은 이들이 영호의 고민에 공감할 수 있다. 하지만 그 고민들을 혼자 짊어지지 않고 함께 나눌 때, 우리는 더 강해지고 더 행복해질 수 있다.

우리의 삶은 단순히 오늘의 어려움을 극복하는 것이 아니라, 내일을 위한 준비이며 더 나은 미래를 위한 투자다. 영호가 자신의 꿈을 향해 나아가는 모습은 많은 이들에게 희망의 메시지를 전한다. '지금의 어려움은 잠시일 뿐, 우리 안에는 무한한 가능성과 잠재력이 있다'는 사실을 잊지 말자. 한 걸음, 한 걸음 나아가며, 오늘의 작은 노력이 내일의 큰 성과로 이어질 것이다.

우리는 모두 누군가의 이야기에 귀 기울이고, 마음을 나누며 함께 걸어가는 존재다. 영호와의 만남처럼, 진심 어린 대화를 통해 서로를 위로하고 희망을 나누는 순간들은 삶을 더욱 의미 있게 만들어 준다. 오늘이라는 시간이 내일의 희망이 되도록, 우리는 서로를 응원하고 지지하며 같은 방향을 향해 나아가야 한다.

지금의 시련은 우리를 더욱 단단하고 지혜로운 사람으로 성장시킬 수 있는 기회다. 앞이 보이지 않는 순간이 있더라도, 포기하지 않고 한 걸음씩 나아간다면 우리는 결국 원하는 목적지에 도달할 수 있다. 언젠가 지나온 길을 되돌아볼 때, 바로 이 시간이 우리를 지탱해 준 소중한 순간이었다는 사실을 깨닫게 되는 날이 올 것이다.

세상은 여전히 따뜻함을 나누고자 하는 사람들로 가득한 곳이다. 우리도 그런 사람이 되어, 누군가에게 힘이 되어 주는 존재가 되기를 바라는 마음이다.

브라더 밥 프로젝트 1

✦ 응원이라는 사랑 ✦

"그러므로 우리가 낙심하지 아니하노니 우리의 겉사람은
낡아지나 우리의 속사람은 날로 새로워지도다"

(고린도후서 4:16)

최근 들어 부쩍 늘어난 업무로 인해 점심도 제대로 먹지 못하고 바쁜 일정을 소화하던 중, 한 통의 문자를 받았다. 그 문자에는 나를 진심으로 응원하고 기도해 주는 아내의 진솔한 마음이 담겨 있었다. 문자를 읽고 또 읽으며, 같은 내용을 여러 번 멈춰 서서 읽었다. 아내의 따뜻한 응원과 기도는 내가 이 세상을 살아가야 할 충분한 이유가 되었다.

아내의 문자 내용은 다음과 같았다.

"가스비와 전기세, 카드값을 걱정하는 모습을 보며, '아! 나도 아줌마 다 되었구나'라는 생각이 들었어요.

청년 시절에는 그때 나름대로 고민이 있었는데, 현실은 힘들지만 결국 꿈과 희망을 버리지 않으면 되겠죠.

작년부터 김병환 님(우리 집 세대주)의 꿈과 비전을 듣고 있는데, 하나씩 실천해 가는 모습을 보니 참 신기해요.

교회 안에서 나름 가치 있다고 여기는 일에 꿈과 비전을 품고 하나씩 실천하는 모습을 보며 감사하고, '이 꿈의 종착역은 어디일까?'라는 생각이 들어요.

구미남교회 청년들을 위해 밥을 사 주는 '브라더 밥'을 한다고 했을 때, 한 명도 신청하지 않을 거라고 생각했어요.

　그런데 신기하게도 한 명씩 네이버폼으로 예약이 들어오더니, 귀한 손님들에게 맛있는 식사를 대접하며 내 앞에 놓인 고민 보따리를 풀 때, 그런 청년들의 마음이 짠하게 느껴지고, '귀하다'는 말로는 표현이 안 되더라고요.

　비록 작은 시작이지만, '브라더 밥'이 잘 정착되어 밥을 나누는 따뜻한 교회 형들이 많아지기를 기도합니다.

　가스비와 전기세, 카드값은 김 씨 아줌마가 걱정할게요^^

　김병환 님, 하고 싶은 거 다 하세요.

　그 대신 예수님 앞에서 항상 솔잎 같은 푸른 청년의 마음으로 살아가길…"

　문자를 받은 순간 눈시울이 붉어지기 시작했다. 아내의 진심 어린 응원과 기도는 내가 이 험난한 세상을 살아가며 매일 고민하는 가운데 큰 힘이 되었다. 나는 지금을 살아가는 청년들과 작은 꿈과 희망을 나누기 위해 '브라더 밥'을 시작했다. 하지만 이 프로젝트가 나를 드러내기 위한 것이 아니라, 이 시대의 청년들이 더 단단하게 성장하고 세상을 밝고 아름답게 만들어 가는 과정 속에서 작은 마중물이 되기를 소망한다. 그래서 제2, 제3의 '브라더 밥'이 많아지도록 희망의 불씨를 지피려 한다.

　아내가 보내 준 무한한 응원의 박수는 내가 이 세상을 살아가야 할 충분한 이유가 되었고, 그 마음과 함께 나는 오늘도 힘차게 나아가고자 한다.

아내의 문자는 단순히 응원의 메시지를 넘어, 내가 왜 이 일을 시작했는지, 그리고 앞으로 어떤 마음으로 나아가야 할지를 다시 한번 상기시켜 주었다. 그녀의 따뜻한 말 한 마디, 한 마디는 내 마음속에 깊은 울림을 주었고, '브라더 밥'을 통해 청년들과 나누고 싶은 가치와 비전을 더욱 확고히 할 수 있는 계기가 되었다.

'브라더 밥'은 단순히 밥을 사 주는 일이 아니라, 청년들의 마음을 어루만지고 그들의 이야기를 들어 주며 함께 걸어가는 여정이다. 이 작은 시작이 청년들에게 작은 위로가 되고, 또 다른 누군가에게는 새로운 시작을 위한 발판이 되길 소망한다. 아내의 응원과 함께, 나는 오늘도 청년들의 꿈을 응원하며 함께 걸어가고자 한다.

아내가 보내 준 그 따뜻한 마음과 기도는 내가 이 험난한 세상을 살아가며 매일 고민하는 가운데 큰 힘이 되었다. 그녀의 응원은 내가 이 세상을 살아가야 할 충분한 이유가 되었고, 그 마음과 함께 나는 오늘도 힘차게 나아가고자 한다.

작은 시작과 진심 어린 응원

현실은 때로 우리에게 힘겨운 시련을 안겨 주지만, 그 속에서도 꿈과 희망을 잃지 않는 것이 중요하다. 인생의 고민과 도전은 성장의 밑거름이 되어, 작은 시작이라도 하나씩 실천해 나가면 그 과정에서 꿈과 비전이 현실로 이루어질 수 있다. '브라더 밥'과 같은 작은 시작은 큰 변화를 이끌어 낼 수 있으며, 작은 실천이 모여 큰 성과를 이루고, 이는 다른 사람들에게도 긍정적인 영향을 미칠 수 있다. 시작이 작더라도 그 가치를 믿고 꾸준히 노력하는 것이 중요하다.

함께하는 여정의 소중함도 간과할 수 없다. 사람들의 마음을 어루만지고 그들의 이야기를 들어 주는 것은 단순한 친절을 넘어, 함께하는 여정의 소중함을 깨닫게 한다. 누군가와 함께 걸으며 그들의 꿈을 응원하는 것은 세상을 밝고 아름답게 만드는 작은 마중물이 될 수 있다. 아내의 진심 어린 응원과 기도는 큰 힘이 되며, 주변 사람들의 따뜻한 말 한마디가 어려움을 이겨 내는 데 큰 도움이 될 수 있다. 서로 응원하고 지지하는 관계를 통해 더 큰 꿈을 향해 나아갈 수 있다.

교회 안에서 가치 있다고 여기는 일에 꿈과 비전을 품고 실천하는 것은 의미 있는 일이다. 자신의 가치를 발견하고, 그 가치를 실현하기 위해 헌신하는 삶은 세상을 변화시키는 데 기여할 수 있다. 예수님 앞에서 항상 솔잎 같은 푸른 마음으로 살아가는 것은 중요한 자세이다. 순수하고 열정적인 마음을 유지하며, 자신의 꿈을 향해 나아가되, 그 과정에서 겸손과 사랑을 잊지 말아야 한다.

꿈을 응원하고 함께 걸어가는 것은 세상을 밝고 아름답게 만드는 일이다. 작은 시작과 도전을 격려하고, 새로운 시작을 할 수 있도록 발판을 마련해 주는 것이 중요하다. 아내의 무한한 응원의 박수는 큰 힘이 되며, 자신의 꿈을 향해 나아가는 과정에서 주변 사람들의 응원을 받아들이고, 그 힘을 바탕으로 더 큰 도전을 두려워하지 말아야 한다.

'브라더 밥'과 같은 작은 시작이 세상을 밝고 아름답게 만드는 마중물이 되길 소망한다. 사람들이 세워지고, 그들의 꿈이 실현되는 과정에서 세상이 더 나은 곳으로 변화할 수 있다. 아내의 따뜻한 마음과 기도를 바탕으로, 오늘도 힘차게 나아가고 있다. 꿈을 응원하며 함께 걸어가는 여정은 세상을 변화시키는 작은 시작이 될 수 있다. 그 여정에서 만나는 모든 순간과 사람들을 소중히 여기며, 더 큰 꿈을 향해 나아가길 바란다.

브라더 밥 프로젝트 1

✦ 서툰 오늘, 단단한 내일 ✦

"그러므로 내일 일을 위하여 염려하지 말라 내일 일은 내일이 염려할 것이요 한 날의 괴로움은 그 날로 족하니라"

(마태복음 6:34)

'브라더 밥'을 진행하면서 원칙을 정한 게 있다면 1대1로 만난다는 것이었다. 하지만 원칙을 수정해서 최대 2명까지는 함께 만나는 것을 허용했다. 만남을 신청하고 싶지만 1대1 만남을 부담스러워하는 청년들이 있다는 이야기에 '브라더 밥'을 진행하기 전 정한 원칙을 수정할 수밖에 없었다. 예전의 나는 한번 정한 원칙은 쉽게 잘 바꾸지 않았지만, 지금의 나는 바꿀 수밖에 없는 상황을 인정하고 이해하려고 노력하는 것 같다. 그런 나의 변화된 모습이 조금은 낯설게 느껴지지만 싫지만은 않다.

이 과정의 결과로 오늘은 정숙과 또 옥순과 함께 4회 '브라더 밥'을 구미 신평 맛집에서 진행하게 되었다. 이번에 신청한 정숙과 옥순은 성격도 정말 다르고, 목자(공동체 리더)와 목원(공동체원)의 관계이고, 나이도 다르지만 서로를 걱정하고 염려하고 아껴 주는 마음을 함께 있는 시간 동안 느낄 수 있었다. 또한 자매들의 진솔한 고백과 나눔 덕분에 나 또한 은혜받고 도전받고 많은 걸 깨닫는 시간이었다.

우리는 길을 걸으면서, 밥을 먹으면서, 다른 사람들과 이야기를 하면서, 전화를 하면서 등등 시간과 장소와 때를 가리지 않고 수많은 생각을 하면서 살아가고 있다. 특히 청년들은 현재의 자신과 불확실한 미래에 대한 걱정으로 해결되지 않는 문제들에 대해서 수많은 생각을 하면서 사회의 한 일원으로 뒤처지지 않기 위해서 치열하게 살아가고 있다.

오늘 내가 만난 정숙과 옥순 역시 다른 청년들처럼 상황과 현실은 다르지만 비슷한 고민들과 해결되지 않는 문제들로 인해서 수많은 생각을 하면서 열심히 살아가고 있는 자매였다. 나는 이 시간이 결코 불필요한 시간이라고 말하고 싶지 않다. 아니, 이 시간을 한 번도 가져 보지 못한 청년들에게는 꼭 필요하다고 생각하는 사람이다.

이 시간을 내가 미처 발견하지 못한 나의 또 다른 새로운 것을 발견해 가는 과정이라 생각하고 노력한다면, 결코 이 시간은 아깝지 않을 것이다. 그러기 위해서는 다른 사람들과 조금은 다른 모습이 필요할지도 모른다. 시간은 누구에게나 공평하게 하루 24시간이 주어진다.

보통 하루에 8시간을 자고 일어나 9시간을 일하고, 3시간을 하루 식사 시간에 사용하고, 나에게 투자할 수 있는 시간이 총 4시간이라 가정해 보자. 남는 4시간을 어떤 이는 해도 그만 안 해도 그만인 일에 사용하는 사람이 있는가 하면, 어떤 이는 4시간의 1분 1초가 아까워서 타이트하게 시간관리 하는 사람이 있을 것이다.

하루만 생각하면 4시간이 짧은 시간일지 모르지만, 그게 한 달이 되고 1년이 되면 짧은 시간이 아닐 것이다. 이 시간 동안 불확실한 미래에 대해서 고민하고, 내가 잘할 수 있고 행복해지기 위한 나를 발견하기 위해서 노력한다면, 땀 흘려 보낸 시간은 결코 배신하지 않는다 생각한다.

물론 지금 내가 가고 있는 길이 올바른 길인지, 바른 방향으로 가고 있는지, 행복해질 수 있을지 또 다른 많은 의문과 생각을 가지고 또다시 고민하고 걱정할 것이다. 그럴 때는 혼자 걱정하지 말고 주변의 사람과 그 걱정을 함께 나눠 가지려는 노력도 필요할 것이다.

세상은 완전한 사람이 아무도 없기 때문에 결코 혼자서 살아갈 수 없다. 이처럼 나를 발견하기 위해서 노력하면 할수록, 지금 하고 있는 생각과 걱정들이 점점 줄어드는 시점이 올 것이다. 그때가 되면 고민하고 걱정하는 생각보다 '내가 어떻게 하면 더 행복해질까'란 고민으로 더 자리를 채워 갈 것이다. 그러기 위해서 지금의 노력과 시간을 잘 채워 나갔으면 좋겠다.

왜 현재에 대한 걱정과 해결되지 않는 불확실한 미래에 대해서 고민과 생각만 하고 있을까? 청년은 미생(未生)의 상태이기 때문이라 생각한다.

미생은 바둑 용어 중 하나로, 바둑에서 집이나 대마가 아직 완전하게 살아 있지 않은 상태를 뜻한다고 한다. 반대말은 완생(完生)이다. 2014년 웹툰이 화제가 되어 드라마까지 제작된 〈미생〉은 주인공인 장그래를 통해서 미생이 어떻게 완생이 되어 가는 과정을 잘 묘사해서 많은 사람들에게 큰 사랑을 받았다.

미생이 없는 완생은 존재하지 않는다. 만약 있다고 한다면 오직 그 한 분만 존재할 것이다. 미생이기 때문에 실패란 단어가 존재하지 않고, 성공을 위한 과정만이 있을 뿐이다. 그리고 미생에게 주어진 특권을 잘 살려서 고민하고 생각만 하고 있는 일들을 실행으로 옮길 수 있는 노력과 용기가 필요할 것 같다. 처음이 힘들다면 주변의 도움을 받아도 좋을 것 같다.

처음 한 번이 힘들지, 그다음 두 번, 세 번 하면 할수록 쉬워질 것이다. 꼭 용기를 내어 생각을 실행으로 옮기는 미생이 되었으면 좋겠다.

나는 오늘도 완생을 위해서 자신의 꿈을 꾸고 열심히 살아가고 있는 내가 사랑하는 정수과 옥순 같은 미생들에게 작은 희망의 불씨를 함께 나눠 주는 삶을 살고자 노력한다. 이 노력이 자칫 나의 거만함이 아닌 진심으로 미생들의 마음에 전달되었으면 좋겠다.

그리고 나 역시 아직도 완생이 되지 못했다는 것도 알아주었으면 좋겠다.

청년기는 미생의 시기

청춘은 아직 완성되지 않은 미생(未生)의 시기다.

불확실한 미래와 수많은 고민 속에서 치열하게 살아가는 시간이며, 바로 이 과정 속에서 우리는 완생(完生)으로 나아갈 기회를 얻는다. 미생에게 실패는 존재하지 않는다. 존재하는 것은 오직 성공을 향한 값진 여정뿐이다.

많은 이들이 현재의 걱정과 불확실한 미래로 고민하며, 뒤처지지 않기 위해 최선을 다하고 있다. 그러나 이 시간은 결코 불필요한 것이 아니다. 오히려 자신을 발견하고 성장하기 위한 소중한 과정이다.

하루 24시간 중 단 4시간이라도 어떻게 사용하느냐에 따라 큰 변화를 가져올 수 있다. 불확실한 미래를 고민하며, 자신이 행복해지는 길을 찾으려는 노력은 결코 헛되지 않는다. 흘린 땀은 반드시 결실을 맺을 것이다.

하지만 혼자만의 고민과 걱정은 때로 독이 될 수 있다. 주변 사람들과 함께 짐을 나누는 노력이 필요하다. 세상에는 완벽한 사람이 없기에, 우리는 서로 의지하며 살아간다. 함께할 때 더 강해지고, 더 많은 것을 이룰 수 있다.

미생의 특권은 고민하고 생각하는 것을 실행으로 옮길 용기와 노력이다. 처음 한 걸음을 내딛는 것이 어렵다면, 주변의 도움을 받아도 좋다.

처음은 힘들 수 있지만, 두 번, 세 번 반복할수록 점점 쉬워진다. 반드시 용기를 내어 생각을 실행으로 옮기는 미생이 되길 바란다.

오늘도 자신의 꿈을 꾸고 열심히 살아가는 이들에게 작은 희망의 불씨를 전한다. 미생에서 완생으로 나아가는 길, 그 여정에서 포기하지 않고 한 걸음씩 나아가길 바란다. 우리의 진심 어린 노력이 더 나은 미래를 향해 나아가는 데 도움이 되기를 소망한다.

완생이 되지 못한 나도, 우리도 함께 이 길을 걷고 있다. 우리의 노력이 서로를 응원하고, 더 큰 꿈을 향해 나아가는 원동력이 되길 바란다.

브라더 밥 프로젝트 1

✦ 달콤한 情 ✦

"자녀들아 우리가 말과 혀로만 사랑하지 말고
오직 행함과 진실함으로 하자"

(요한일서 3:18)

초코파이는 단순한 간식을 넘어 한국인의 일상과 추억을 잇는 상징적인 존재다. 군대에서 화장실에서 몰래 뜯어먹던 순간, 고3 시절 달달한 맛으로 머리를 깨우던 기억, 헌혈하러 갔다가 초코파이만 먹고 돌아온 소소한 에피소드까지. 그만큼 초코파이는 우리의 삶 속에서 특별한 자리를 차지하고 있다.

초코파이를 떠올리면 자연스럽게 떠오르는 단어가 있다. 바로 '정(情)'이다. 다른 유사 브랜드도 많지만, '정(情)'이라는 단어는 이미 우리 정서에 고유명사처럼 자리 잡았다.

초코파이의 광고 카피들은 사람들의 마음에 깊은 인상을 남겼다.

"누군가와 나눠 먹는 것, 과자 이상의 그 따뜻함 오고 가는 것… 어쩌면 사람들은 정을 주고받는 거야. 그래, 정이다. 오리온의 초코파이는 정(情)을 나누며 마음을 전하자는 의미를 담고 있어."

"말하지 않아도 알아요~"라는 CM송은 모르는 사람이 거의 없을 정도다. "마음을 나누다"라는 메인 카피는 누구나 공감할 수 있는 메시지를 전하며, 현대에 접어들며 점차 잊혀 가는 한국인의 '정(情)'을 브랜드에 담아냈다.

'정(情)'이라는 한 글자 덕분에 오리온은 경쟁사를 제치고, 30년째 장수 브랜드로 자리 잡을 수 있었다.

몇 해 전, 교회에서 진행하던 삶공부 과정에 참여했을 때의 일이다. 나이가 많으신 노부부 집사님과 함께 공부하게 되었는데, 두 분은 결혼식은 올리지 못하고 혼인신고만 한 채 살고 계셨다. 기회가 된다면 결혼식을 올리고 싶다는 기도제목을 삶공부 수강생들에게 이야기하셨다.

이에 공감한 수강생들과 함께 교회에서 조촐하지만 가장 행복한 결혼식을 준비했다. 이후 집사님께서 며칠 전 전화를 주셨다. 내가 출판한 책을 읽고 싶은데 서점에서 살 수 있냐고 물으셨다. 오프라인 서점에서는 구하기 어렵고 온라인에서만 가능하다고 말씀드렸지만, 온라인 구매가 어려우신 것 같아 내가 대신 구매해 전달드리기로 했다. 수요예배 때 만나기로 약속을 잡았다.

수요일 저녁, 교회 예배를 위해 집을 나서 교회로 향하던 중 집사님께서 전화를 주셨다. 교회 앞에서 만났을 때, 집사님은 큰 봉투를 하나 건네셨다. 그 안에는 오리온 초코파이 '정(情)' 한 통이 들어 있었다. 설 준비를 위해 시장에 갔다가 사셨다며, 아이들이 좋아할지 모르겠지만 주라고 수줍게 말씀하셨다.

결혼식 이후 교회에서 잠깐 인사 정도만 나누며 지냈는데, 이렇게 마음을 써 주신 집사님의 마음이 너무 고맙고 감사했다. 집사님의 온 마음을 담아 전달해 주신 초코파이 한 통을 받는 순간, 그 마음이 온전히 전해졌다. '말하지 않아도 알아요'라는 초코파이의 메인 카피처럼, 그 마음이 무엇인지 말하지 않아도 알 수 있었다.

집에 돌아와 아이들과 아내와 함께 오리온 초코파이의 '정(情)'을 나누었다. 하지만 주신 마음이 너무 크고 따뜻해 아직 마음의 여운이 가시지 않아 쉽게 잠들 수 없었다. 내가 꿈꾸는 행복한 삶에 용기를 주시는 것 같아 감사했다.

집사님의 따뜻한 마음과 초코파이 한 통이 전해 준 '정(情)'은 단순한 간식이 아니라, 사람과 사람 사이를 잇는 따뜻한 연결고리였다. 그 순간의 감동은 오래도록 마음속에 남을 것 같다.

초코파이는 단순한 과자가 아니다. 그것은 사람과 사람 사이를 잇는 다리이자, 마음을 나누는 매개체다. 집사님의 작은 선물은 나에게 '정(情)'의 진정한 의미를 다시 한번 깨닫게 해 주었다. 그리고 그 마음은 내가 만들고자 하는 행복한 삶에 든든한 버팀목이 되어 주었다.

초코파이와 함께한 이 작은 에피소드는 단순한 추억이 아니라, 내 삶에 깊은 울림을 남긴 소중한 순간으로 기억될 것이다. '정(情)'이라는 단어는 단순한 글자가 아니라, 사람과 사람 사이를 잇는 따뜻한 마음이다. 그리고 그 마음은 초코파이 한 통에 담겨 전해질 수 있다는 것을 다시 한번 느꼈다.

초코파이 '정(情)'의 가치

 삶은 때로 치열하고 고단하다. 목표를 향해 달려가는 우리에게 세상은 냉정하게 느껴지기도 하고, 무거운 짐처럼 다가오기도 한다. 하지만 그 속에서도 우리는 작은 순간들을 통해 위로를 받고, 힘을 얻는다. 초코파이 같은 평범한 간식조차도 누군가의 따뜻한 마음과 함께할 때 더욱 특별한 의미를 갖는다.

 '정(情)'은 단순한 감정이 아니라, 사람과 사람 사이를 잇는 따스한 마음이다. 어려운 순간에도 누군가의 작은 관심과 배려는 큰 힘이 된다. 집사님의 초코파이 한 통처럼, 작은 선물이 주는 감동은 우리의 마음을 움직이고, 다시 일어설 용기를 준다.

 삶은 끊임없는 도전의 연속이다. 그러나 그 도전 속에서 우리는 서로를 응원하고, 함께 성장하는 법을 배운다.

 초코파이가 단순한 과자가 아닌 것처럼, 우리의 삶도 단순한 반복이 아니다. 그것은 사람과 사람 사이를 잇는 다리이자, 마음을 나누는 매개체이다. 열심히 살아가되, 주변의 따뜻한 마음을 잊지 않아야 한다. 그 마음들이 모여 우리의 삶을 더욱 빛나게 할 것이다.

말하지 않아도 느낄 수 있는 힘, 그것이 바로 정이다. 그 힘을 믿고, 서로를 응원하며 나아가야 한다. 당신의 꿈과 도전이 누군가에게 또 다른 희망이 될 수 있다. 함께라면, 어떤 어려움도 이겨 낼 수 있다.

초코파이와 함께한 따뜻한 순간처럼, 여러분의 삶에도 그런 감동이 가득하길 진심으로 소망한다.

브라더 밥 프로젝트 1

✦ 희망을 꿈꾸는 눈송이 ✦

"그런즉 우리는 기회 있는 대로 모든 이에게 착한 일을 하되
더욱 믿음의 가정들에게 할지니라"

(갈라디아서 6:10)

✦

기습적인 한파가 며칠째 이어지며 날씨는 영하권에 머물러 있었다. 오고 가는 사람들의 발걸음이 묶인 채, 거리는 한산하고 고요했다. 퇴근길에 접어들자 갑작스럽게 내리기 시작한 눈이 도로를 순식간에 차들로 가득 찬 주차장으로 변모시켰다.

오늘 저녁, 5회 '브라더 밥'의 소중한 만남을 위해 목적지로 향하던 나는, 혹여 늦지 않을까 하는 걱정과 염려에 마음이 조급해졌다. 이동하는 동안 좌불안석의 마음으로 운전대를 잡고 있었는데, 라디오에서 흘러나오는 음악이 그나마 나의 긴장을 덜어 주는 듯했다.

도로 위에 멈춘 차들 속에서 눈 내리는 풍경을 바라보며 잠시나마 아름다움을 느낄 수 있었다. 빛나는 가로등 아래 흩날리는 눈송이들이 마치 반짝이는 별들처럼 보여, 마음 한구석에 평온함을 안겨 주기도 했다. 차가운 겨울밤에도 따뜻한 만남이 기다리고 있다는 생각이 나를 목적지로 향하게 하는 힘이 되었다.

마침내 목적지에 도착했을 때, 그곳에는 영철이라는 청년이 나를 기다리고 있었다. 그는 밝은 미소로 나를 맞이하며 추운 날씨 속에서도 따뜻한 인상을 주었다. 오늘의 만남은 특별한 시간이 될 것이라는 예감이 들었다. 만남을 진행할수록 '오늘은 어떤 소중한 만남이 나를 기다리고 있을까?'란 큰 기대를 하며 만남의 장소로 이동하는 것 같다.

그만큼 그간의 만남들이 너무 소중했고 귀한 시간들이었기 때문에, 만남을 거듭할수록 그 기대와 관심이 더 커져 가는 것 같다. 나에게 이런 귀한 만남을 허락하심에 감사하다.

이번 만남을 신청한 영철이는 자신을 만날 수 있는 날짜와 시간을 상세하게 알려 주어, 내가 날짜와 시간을 잡는 데 큰 도움을 주었다. 일면식도 없는 두 사람이 만나 함께 식사를 하고 차를 마시며 이야기를 나누는 것은 쉬운 일이 아니었다. 하지만 영철이는 진정성 있는 신청 사유를 적어 주어, 나의 고민을 덜어 주려는 배려 있는 모습을 보여 주었다. 그의 따뜻한 배려와 정성 덕분에 나는 오늘의 만남이 더욱 기대되었다.

오늘 만난 영철이는 지역을 이동하면서 교회를 옮기게 되어 등록한 새 신자다. 영철이는 새가족부를 통해 목장에 배정되어야 하지만, 안타깝게도 목장으로 배정되지 못해 현재 혼자서 청년회 예배를 드리고 있다고 조심스럽게 말해 주었다.

이전에 다녔던 교회 역시 목장 중심의 교회였고, 영철이는 예전 교회의 목장에서 받았던 사랑과 섬김이 너무 좋았던 기억이 있어 목장을 하고 있는 교회를 스스로 찾아 등록하였다. 나는 영철이가 새로운 목장에 잘 적응할 것이라 생각했지만, 실제로는 적응하지 못해 약간 소외된 느낌을 받으며 청년회 예배에 참석하고 있다고 하였다.

영철이가 적응하지 못한 이유는 본인의 소극적인 성격과, 먼저 마음을 열어 함께 섬겨야 하는 공동체 생활에서 공동체보다는 본인을 먼저 생각하고 행동했기 때문이라고 솔직하게 말해 주었다. 시간이 갈수록 그 갭을 줄일 수 없어서 어려움을 겪고 있었다고 덧붙였다.

그의 이야기를 듣고 나서, 나는 영철이의 어려움을 이해하게 되었다. 새로운 환경에 적응하는 것은 쉽지 않은 일이고, 특히 교회와 같은 큰 공동체에서 소속감을 느끼는 것은 더욱 그렇다. 나는 영철이에게 작은 소모임이나 교회 내의 다양한 활동에 참여하며 천천히 관계를 쌓아가 보는 것도 좋은 방법일 것이라고 조언해 주었다.

또한, 교회 내에서 함께 고민하고 도와줄 수 있는 멘토를 찾아보는 것도 좋겠다고 말해 주었다. 이렇게 조금씩 함께 나아가다 보면, 영철이도 곧 새로운 공동체 안에서 더 큰 유대감을 느끼게 될 것이라 믿는다.

나는 영철이의 용기와 노력에 응원의 마음을 보내며, 그의 적응 과정이 조금 더 순탄해지길 바란다. 필요한 경우 언제든지 도움을 요청하길 바라며, 교회 안에서 함께 성장해 나가기를 기대한다.

영철이는 낯선 환경에 나름 적응하려고 무던히도 노력했을 것이다. 새

가족부 역시 영철이가 잘 적응할 수 있도록 많은 시간과 노력을 아낌없이 쏟아부었을 것이다. 하지만 안타깝게도 상황은 그리 호의적이지 않았고, 그 결과는 참으로 안타까움과 아쉬움으로 남게 되었다.

사실 이러한 일들은 영철이와 새가족부라는 특수한 경우에서만 발생하는 것은 아니다. 우리는 하루에도 수많은 사람들과 다양한 이유로 인연을 만들기 위해 자의든 타의든 노력하면서 살아가고 있다. 하지만 좋은 인연을 만나고 그것을 지속시키는 것은 결코 쉬운 일이 아니다.

인연이란 고리를 이어 가기 위해서는 서로에 대한 배려와 시간, 물질, 그리고 감정 소모 등 상상치 못한 많은 노력이 필요하다. 이러한 노력에도 불구하고, 또 다른 스트레스를 받으며 인연이란 연결고리를 이어 가기 위해 치열하게 살아가는 청년들의 가혹한 현실이 그저 안타깝기만 하다.

이처럼 좋은 인연을 만들어 간다는 것이 예전 나의 청년회 때와는 다르게 현재는 더욱 어려운 과제이자 현실로 다가오는 것 같다. 그리고 이러한 문제점이 발생했을 때, 마음 편하게 털어놓을 수 있는 단 한 사람의 친구가 없다는 것이 가장 큰 문제였다. 다행스럽게도 이번 영철이와의 만남을 통해, 털어놓고 싶어도 들을 수 있는 사람이 단 한 명도 없는 상황에서, 마음을 터놓고 이야기할 수 있는 '브라더 밥'이 존재해야 하는 이유를 발견하게 되었다. 나는 오늘도 영철이를 통해 그 가치를 다시금 깨달았다. 그리고 '브라더 밥'을 통해 소중한 인연을 이어 줄 연결고리가 생겼다는 것이 가장 중요한 점이라고 생각한다.

오늘 처음 만났지만, 이 만남이 두 번, 세 번 이어질 것이기 때문이다. 그 만남들이 누적될수록 우리는 서로에게 더욱 큰 의미와 가치를 부여하게 될 것이다. 이러한 과정을 통해 우리는 서로에게 진정한 친구이자, 인생의 동반자가 될 수 있을 것이다.

이야기를 나누면서 감사한 것은 노력을 해 보려는 마음이 영철이에게 있다는 것이다. 본인의 소극적인 태도와 소통의 문제를 누구보다 더 잘 알고 있고, 이를 해결하려는 노력과 의지를 가지고 있어서 지금은 소외되고 외톨이지만 금방 다른 청년들과 함께 어우러져 잘 성장할 것이라 생각한다. 이를 위해서 지금보다는 더 적극적인 태도를 취하고, 생각에만 머무르지 말고 실행도 함께 했으면 좋겠다.

나는 실패는 존재하지 않는다고 생각한다. 성공을 위한 과정만 있을 뿐이다. 그래서 그 과정 속에서 실행하며 본인이 좋아하고 잘할 수 있는 것을 꼭 찾았으면 좋겠다. 오늘 만남은 서로의 간절한 마음에 대해 깊이 교제할 수 있는 시간이었고, 서로를 응원하고 기도하기로 약속하며 만남을 마쳤다.

오늘의 소중한 만남을 정리하다 보니, 그동안 소홀히 했던 소중한 인연들이 떠오르기 시작했다. 새로운 내일이 밝아오면, 소중한 인연들에게 나의 존재감을 조금이라도 전달해야겠다는 생각이 들었다. 또한, 새로운 인연의 고리를 만들어 갈 '브라더 밥'의 희망찬 내일을 꿈꿔 본다.

이러한 만남과 교제를 통해 나는 다시 한번 '인연'의 소중함을 깨닫게 되었다. 사람과 사람 사이의 연결고리는 단순한 관계를 넘어 서로를 성장시키고, 삶을 풍요롭게 만드는 힘이 있다는 것을 느꼈다. 앞으로도 '브라더 밥'을 통해 더 많은 인연을 만들고, 그들과의 교제를 통해 서로의 삶에 긍정적인 변화를 이끌어 내고 싶다. 그리고 이 작은 시작이 누군가에게는 큰 위로와 힘이 될 수 있기를 바라며, 오늘도 나는 새로운 인연을 향해 한 걸음 더 나아간다.

소중한 인연을 통해 성장하는 마음의 힘

　오늘날 우리는 각자의 꿈을 이루기 위해, 목표를 향해, 때로는 생존을 위해 치열하게 살아가고 있다. 그 과정에서 우리는 수많은 어려움과 마주한다. 새로운 환경에 적응해야 하고, 인간관계를 맺어야 하며, 때로는 실패와 좌절을 경험하기도 한다. 그러나 이 모든 과정이 우리를 더욱 강하게 만들고, 성장의 밑거름이 된다는 사실을 기억해야 한다.

　새로운 환경에 적응하는 것은 쉽지 않다. 영철이처럼 새로운 교회나 공동체에서 소속감을 느끼지 못하고 소외감을 경험하는 경우도 있다. 하지만 중요한 것은 포기하지 않는 마음이다. 영철이는 자신의 상황을 인식하고, 이를 해결하기 위해 노력하려는 의지를 보여 주었다. 이처럼 작은 발걸음이라도 내딛는 것이 변화의 시작이 된다.

　인간관계를 맺고 유지하는 일 역시 쉽지 않은 과정이다. 좋은 인연을 이어 가기 위해서는 서로에 대한 배려와 시간, 노력이 필요하다. 때로는 이 과정에서 스트레스를 받기도 하지만, 그 노력이 결국 서로를 성장시키고 삶을 더욱 풍요롭게 만든다. 진정한 친구와 인생의 동반자를 만나는 과정은 쉽지 않지만, 그 속에서 우리는 깊은 유대와 따뜻한 관계를 형성해 나간다.

실패는 끝이 아니다. 성공을 위한 과정 중 하나일 뿐이다. 실패를 두려워하기보다는, 그 속에서 배우고 성장할 기회를 찾아야 한다. 자신이 좋아하고 잘할 수 있는 것을 발견하는 과정에서 실행과 도전이 중요하다. 작은 성공이라도 하나씩 쌓아 가며 자신감을 키워야 한다.

오늘날 우리는 가혹한 현실 속에서도 희망을 잃지 않고 살아가고 있다. 그 치열한 시간 속에서 서로를 응원하고, 함께 성장할 수 있는 기회를 찾아야 한다. '브라더 밥'과 같은 만남을 통해 서로의 마음을 나누고, 위로하며, 긍정적인 변화를 이끌어 갈 수 있다.

새로운 인연을 만들고, 그들과의 교제를 통해 서로의 삶에 긍정적인 영향을 미치는 것, 이것이 우리가 나아가야 할 방향이다. 영철이처럼 포기하지 않고 서로를 위해 기도하며 함께 성장해 나가는 자세가 필요하다.

우리의 삶은 이미 충분히 빛나고 있다. 오늘의 치열함은 내일의 더 큰 성공을 위한 발판이다. 서로를 믿고 응원하며, 새로운 인연을 향해 한 걸음 더 나아가는 삶이 되어야 한다. 여러분의 모든 노력이 아름다운 결실로 이어지기를 진심으로 바란다.

브라더 밥 프로젝트 1

✦ 한 조각의 위로 ✦

"여호와를 경외하는 것이 지식의 근본이거늘
미련한 자는 지혜와 훈계를 멸시하느니라"

(잠언 1:7)

TV를 그다지 즐겨 보지 않는 편이지만, 주말이면 두 개의 방송 프로그램은 꼭 챙겨 본다. 토요일에는 〈불후의 명곡〉, 일요일에는 〈복면가왕〉을 매주 빼놓지 않고 즐겨 보곤 한다. 이 외에도 다른 음악 예능 프로그램들도 종종 보는데, 아무래도 힘든 하루 일과를 마치고 나면 음악이 주는 편안함을 느끼며 휴식을 취하고 싶어서인 것 같다. 특히 음악은 지친 마음을 위로하고 새로운 에너지를 불어넣어 주는 특별한 힘이 있다.

오늘도 저녁을 거른 채 〈복면가왕〉을 열심히 보며 누가 다음 라운드에 진출할지 긴장하며 지켜보고 있었다. 오늘은 잔소리를 하는 아내도, 나를 샌드백처럼 다루는 딸 라희도 부산으로 여행을 가서 아직 돌아오지 않았고, 첫째 아들 건희는 피곤했는지 이미 자신의 방에서 잠들어 있었으며, 둘째 재희는 역시나 집순이라 자신의 방에서 인터넷 세상에서 친구들과 시간을 보내고 있었다. 평소 같았으면 아내의 잔소리를 들어 가며 TV를 봐야 했겠지만, 오늘만큼은 더욱 자유롭게 혼자만의 시간을 즐길 수 있었다.

프로그램이 중반을 넘어갈 때쯤, SNS로 평소에 친하게 지내던 청년 목장 목자로부터 연락을 받았다. 오늘 목장 모임에서 영숙이라는 청년이 진로 문제로 고민하고 있었는데 내 생각이 나서 상담을 해 줄 수 있을지 물어보려고 연락했다는 것이다. 늦은 시간에 연락해서 미안하다며 말했지만, 나는 그 순간 배고픔조차 잊을 만큼 기쁘고 행복했다. 이번 주는 청년부 겨울 수련회가 있었지만 신청하려는 청년이 없어 별다른 만남을 갖지 못했다. 그럼에도 불구하고 이렇게 영숙이를 통해 소중한 인연을 이어 갈 수 있게 인도해 주신 것에 감사드린다. 때로는 예상치 못한 순간에 귀한 만남이 찾아오는 것 같다.

6회 '브라더 밥'의 귀한 만남의 인연은 새내기 티를 갓 벗어던지고 본인의 진로와 인생에 대해 나름 진지하게 고민하는 영숙이었다. 오늘은 밥 대신 커피와 티라미수를 먹고 싶었으나, 내 앞에서 티라미수가 품절되어 결국 다른 케이크로 허기를 달랬다. 영숙이는 앞으로의 만남을 기대하며 달달한 차를 주문했고, 우리는 카페의 조용한 구석자리에 앉았다. 창가로 들어오는 따스한 햇살 아래서 우리의 대화는 시작되었다. 또 한 가지 감사할 일은, 우리가 주문한 음료와 케이크는 이전에 만난 4회 '브라더 밥' 청년이 준 쿠폰으로 결제했다는 것이다. 자신이 받은 작은 감동을 전하고자 커피 쿠폰을 선물했던 청년에게 다시 한번 감사의 마음을 전한다. 그의 세심한 배려 덕분에 이번 만남도 더욱 소중해졌다.

오늘 주인공인 영숙이는 고등학교 때에는 입시라는 목표를 가지고 정말 열심히 공부해서 대한민국에서 알아주는 학교에 당당하게 합격하여 주변의 많은 사람들에게 부러움의 대상이었다. 나 역시 영숙이를 모르지만, 다른 지인을 통해 그녀가 좋은 대학에 입학했다는 소식을 듣고 알게 되었다. 그런 영숙이와 직접 만나서 이야기를 나눌 기회가 생기니 조금은 설레기도 하였다. 그녀의 눈빛에서는 여전히 뜨거운 열정이 느껴졌지만, 동시에 깊은 고민의 그림자도 엿보였다.

그런데 영숙이에게는 새로운 고민이 있었다. 고등학교 때에는 입시라는 명확한 목표가 있었기에 그것만 바라보며 공부할 수 있었지만, 이제는 그 목표가 사라져 버린 것이었다. 대학교에서는 자신이 원하는 분야를 공부하고 싶어 전공도 선택하였지만, 학업을 이어 갈수록 현실과 이상의 차이를 크게 느끼고 있었다. 그녀는 자신이 공부한 것과 실제 학교에서 배우는 내용이 많이 다르다는 사실에 당황하였다. 게다가 졸업 후에는 자신이 선택한 분야로 취업할 수 있을지도 확신하지 못하였다. 그녀의 이야기를 들으며, 많은 청년들이 비슷한 고민을 안고 살아가고 있다는 것을 다시 한번 실감했다.

이러한 상황에서 학사 졸업만으로는 취업하기 힘들다는 사실을 깨닫고, 석사 준비를 시작하게 되었다. 석사 준비에 앞서 복수전공이나 전과 등도 고려해 봤지만, 현실적으로 어려움이 많아 결국 포기하였다. 그러면서 점차 학교 수업보다는 친구들과 함께하는 시간, 과외 활동 등에 더 많은 시간과 에너지를 쏟게 되었다. 하지만 그럴수록 자신의 미래에 대한 고민은 더욱 깊어만 갔다. 그녀의 이야기를 들으며, 나 역시 대학 시절 비슷한 고민들로 밤을 지새웠던 기억이 떠올랐다.

몇 년 전에 청년 소프트웨어 아카데미 선발 과정에서 면접관으로 참여

한 적이 있다. 그때 면접을 진행하면서 느꼈던 점은, 청년들의 목소리와 태도 속에서 자신감이 크게 작용한다는 것이었다. 면접을 준비하는 방식도 사람마다 다양했다. 어떤 청년들은 단순히 면접 시간을 채우기 위해 여러 가지를 억지로 끼워 넣는 모습을 보였다. 반면에 또 다른 청년들은 단 한 장의 자기소개서로 그들이 얼마나 열심히 준비했는지, 그리고 그들의 열정을 느낄 수 있게 해 주었다. 이런 경험들을 통해 나는 한 가지 깨달음을 얻었다. 진정성 있는 준비와 노력은 결코 숨길 수 없다는 것이다.

대학 시절을 단순히 스펙 쌓기와 취업 준비의 기간으로만 보지 않았으면 좋겠다. 오히려 이 시간을 자신을 성장시키는 '투자'의 시간으로 바라보길 권한다. 실패를 두려워하지 않고, 다양한 경험을 하며 배울 수 있는 소중한 기회로 삼는 것이다. 실패란 성공으로 가는 여정에서 꼭 필요한 경험이기에, 대학 시절만큼 실패에 관대한 환경도 없다. 실패하더라도 다시 일어설 수 있는 젊음의 특권이 있지 않은가.

대학 생활에서는 다양한 사람들과 만나 교류하면서 인간관계 능력을 키울 수 있다. 동아리 활동, 팀 프로젝트 등을 통해 협력하는 방법과 소통하는 방법 등 사회에서 필요로 하는 역량을 미리 연습해 볼 수 있다. 이러한 경험들은 단순한 스펙 이상의 가치를 지니며, 사회에 나가서도 큰 자산이 될 것이다. 또한 학문적 지식 외에도 세상을 바라보는 시각을 넓히는 것이 중요하다. 여행, 독서, 문화 체험 등 다양한 경험을 통해 견문을 넓히고 생각의 깊이를 더해 가는 것이 필요하다. 이런 경험들이 모여 우리의 삶을 더욱 풍요롭게 만들어 준다.

감사하게도 목사님께서 이번 주 칼럼에서 대학생들의 장학금 신청을 독려하셨다. 장학금을 신청하는 것은 결코 창피한 일이 아니다. 오히려 자신의 꿈을 위해 적극적으로 노력하는 자세라고 생각한다. 많은 대학생들이 적극적으로 신청했으면 좋겠다. 장학금을 받아 인생의 즐길 거리를 찾는 일에 더 많은 시간과 노력을 투자할 수 있기를 바란다. 이는 단순한 금전적 지원을 넘어서, 청년들의 꿈을 응원하는 의미 있는 제도다.

마지막으로, 나는 모든 청년들에게 이렇게 말하고 싶다. "당신이 원하는 것을 찾아보세요. 그리고 일단 시작해 보세요. 지금 당신이 겪는 고민과 불안은 성장통일 뿐입니다. 그 과정에서 느끼는 두려움과 불확실성은 자연스러운 것이며, 오히려 그것을 통해 더 단단해질 수 있습니다." 지금보다 나은 미래를 위해 고민하고 노력하는 청년들이 더욱 많아지길 소망하고 기도한다. 여러분의 꿈과 열정이 결실을 맺는 그날까지, 이 시대를 함께 걸어가는 선배로서 항상 응원하겠다.

진정성 있는 준비와 노력

우리의 시기는 인생에서 가장 치열하면서도 아름다운 순간 중 하나다. 단순히 목표를 향해 달려가는 시간이 아니라, 자신을 발견하고 성장시키는 소중한 여정이다. 많은 이들이 진로, 학업, 취업 등 다양한 고민으로 밤잠을 설치며 미래를 걱정한다. 그러나 이 모든 고민과 노력은 더 나은 내일을 향해 나아가기 위한 과정일 뿐이다.

학창 시절엔 입시와 꿈을 위해 달렸고, 지금은 현실과 이상의 간극 속에서 해답을 찾고 있다. 그러나 현실과 이상의 차이는 때로 우리를 혼란스럽게 만든다. 전공이 맞지 않을 수도 있고, 취업의 문이 좁게 느껴질 수도 있다. 이러한 고민은 우리만의 것이 아니라, 많은 이들이 같은 어려움을 겪으며 함께 고민하는 문제이다.

하지만 이 시기를 단순히 스펙 쌓기와 취업 준비의 시간으로만 바라봐서는 안 된다. 대학 생활은 자신을 성장시키는 '투자'의 시간이다. 실패를 두려워하지 말고, 다양한 경험을 통해 배우는 것이 중요하다. 실패를 용납하고 다시 도전할 수 있는 대학 시절은, 성공을 위한 귀중한 배움의 시간이다. 젊음의 특권을 활용해 다시 일어설 용기를 가져야 한다.

교류와 협업을 통해 얻는 배움은 단순한 스펙을 넘어, 삶의 중요한 자산이 된다. 사회에 나가서도 큰 자산이 될 이러한 경험들은 학문적 지식뿐만 아니라 세상을 바라보는 시각을 넓히는 데도 중요한 역할을 한다. 여행, 독서, 문화 체험 등을 통해 견문을 넓히고 생각의 깊이를 더해 가는 과정 또한 필수적이다.

비가 온 뒤 땅이 더 단단하게 굳듯이, 지금의 어려움과 고민은 우리를 더욱 강하게 만들어 줄 것이다. 현재 겪고 있는 고민과 불안은 성장통일 뿐이며, 그 과정에서 느끼는 두려움과 불확실성은 자연스러운 것이다. 오히려 그것을 통해 더 단단해질 수 있다. 더 나은 미래를 위해 고민하고 노력하는 사람들이 많아지길 소망한다.

지금 이 시기는 다양한 가능성으로 가득 차 있어 우리의 삶을 더욱 풍요롭게 만들어 준다. 그 가능성을 믿고 한 걸음씩 나아간다면, 우리의 미래는 이미 빛나고 있을 것이다.

브라더 밥 프로젝트 1

✦ 새벽처럼 찾아온 희망 ✦

"너희 안에서 행하시는 이는 하나님이시니 자기의
기쁘신 뜻을 위하여 너희에게 소원을 두고 행하게 하시나니"

(빌립보서 2:13)

대한민국에서 트로트, 발라드, 힙합, K팝 등 다양한 장르가 대중음악으로 많은 사랑을 받고 있지만, 록만큼은 언더그라운드에 가깝게 취급받으며 특정 층만 즐기는 장르로 여겨질 만큼 불모지나 다름없다.

몇 년 전, 우리나라를 뒤흔든 록밴드가 있었다. 바로 영국의 전설적인 록밴드 '퀸'이었다. 〈보헤미안 랩소디〉라는 영화가 기록적인 흥행을 하면서 대한민국에 퀸 열풍이 불었다. 록이라는 장르가 조명받는 것은 반가운 일이지만, 아쉽게도 국내 록밴드에는 여전히 관심이 부족하며, 그나마 있는 수요마저 해외 음악을 향하고 있는 것이 현실이다.

한국에도 퀸과 같은 밴드가 있다고 할 순 없지만, 대한민국 록의 자존심이라 해도 부족함이 없을 만큼 훌륭한 록밴드들이 있다. 그중에서도 내가 각별한 애정을 가진 밴드는 '부활'이다.

부활의 4대 보컬 김재희 씨의 사연을 〈수상한 가수〉라는 예능 프로그램에서 접하게 되었다. 당시 대중에게 깊이 각인된 3집 타이틀곡 '사랑할수록'은 〈가요톱텐〉에서 3~4주간 1위를 차지했고, 앨범은 137만 장 이상 판매되며 그해 주요 시상식을 휩쓸 정도로 폭발적인 인기를 누렸다.

'사랑할수록'의 원래 보컬은 3대 보컬이었던 김재희 씨의 형, 김재기 씨였다. 그러나 연습실에서 녹음을 마치고 귀가하던 중 교통사고로 세상을 떠나게 되었고, 그 자리를 당시 가수를 준비하던 동생 김재희가 이어받아 부활의 4대 보컬이 되었다. 형이 준비했던 '사랑할수록'이라는 곡을 통해 당대 최고의 가수로 올라섰다.

하지만 대중의 사랑과 스포트라이트를 받을수록 형의 자리를 대신하고 있다는 미안함과 죄책감이 커졌고, 결국 홀연히 대중 앞에서 사라져 25년간 은둔생활을 했다. 가수가 아닌 다른 삶을 살아 보려 안 해 본 것이 없을 정도로 많은 시도를 했지만, 결국 자신이 가장 잘하고 행복한 것은 노래였음을 깨달았다. 그렇게 다시 가수의 삶을 살기 위해 돌아와 〈수상한 가수〉라는 프로그램에서 첫 무대를 선보였다. 그의 사연과 노래를 들으며 나는 몇 번이나 눈물을 흘렸다.

패널로 참석한 하현우 씨는 자신이 어릴 때는 불량품이라고 생각했지만, 노래를 통해 다른 사람들에게 행복과 기쁨을 줄 수 있다는 것을 알게 되었을 때 마이크를 잡는 순간이 얼마나 소중한지 깨달았다고 했다.

25년이라는 긴 터널을 지나 자신의 꿈을 다시 찾아 도전하는 김재희 씨의 앞날에 응원과 큰 박수를 보내고 싶다.

오늘 7회 '브라더 밥'에서 만난 청년은 김재희 씨처럼 자신이 좋아하고 행복한 일을 위해 안정된 직장을 그만두고 새로운 길을 개척하려 도전하는 이였다. 그의 이름은 영식이었다.

사회 경험이 없다 보니 타인의 경험이나 조언에 따라 진로를 결정하고 첫발을 내딛지만, 그것이 자신의 옷이 아닌 남의 옷을 입고 사는 것임을 깨닫는 데는 그리 오래 걸리지 않는다. 그때 자신의 꿈을 좇아 새로운 길을 가는 사람이 있는 반면, 현실에 안주하며 타협하는 이들이 더 많은 것이 우리 시대의 모습이다.

지금은 과거 선배들과 달리 독자적으로 개척해서 성공하기가 쉽지 않다는 것을 알기에, 어쩔 수 없이 현실과 타협하며 살아가는 상황을 이해하지 못하는 바는 아니다. 하지만 청년이라면 한 번쯤은 무모해 보이더라도 도전해 볼 필요가 있다고 생각한다. 사실 나는 그런 무모함이 없었기에 지금은 그것이 조금 후회로 남는다.

오늘 만난 영식은 자신의 꿈과 이상을 실현하기 위해 직장을 그만두고 자신만의 길을 개척하고자 모든 시간을 투자하며 열심히 살아가고 있다. 또래들과 달리 현실에 대한 고민의 깊이가 남달랐으며, 자신의 삶을 위해 준비해야 할 것들을 겸허히 받아들이며 오히려 더 낮은 자세로 세상에 나아가기 위해 준비하고 있었다.

군 복무 중에는 월급을 아껴 꽤 많은 돈을 모았고, 비록 창업 자금으로는 부족하지만 그 돈이 희망의 마중물이 되어 줄 것이란 기대를 품고 있었다. 미래를 위한 더 많은 경험과 준비를 위해 대학에 입학했고 누구보다 열심히 공부하며 꿈을 키워 가고 있다. 다만 현재 학교에서 배우는 내용이 기대에 미치지 못해 다음 학년 진학 여부를 고민하고 있었다.

또래 친구들이 좋은 직장에 다니며 좋은 차를 타고 부러울 것 없이 살아가는 반면, 영식은 미래를 위해 준비하는 과정에 있어 자연스레 비교 대상이 되는 현실이 있다. 그로 인한 부담감과 책임감, 그리고 현실과 타협하려는 조급한 마음 때문에 힘들어하지만, 다행히 주변의 좋은 사람들 덕분에 위로받고 도움을 받으며 잘 지내고 있다고 한다.

중학교 이후 교회를 떠났던 영식이 좋은 인연을 통해 다시 교회로 돌아올 용기를 얻었고, 지금은 열심히 신앙생활을 하고 있다. 나는 그에게 거룩한 자리에 한 걸음 더 다가가는 가장 빠른 길은 목자가 되어 섬기는 것이며, 그때 하나님께서 주시는 은혜와 행복이 더 크다는 것을 내 경험을 나누며 권유했다. 다행히 그는 긍정적으로 받아들이는 듯했다. 앞으로 그가 섬김의 자리에서 순종하며, 이제까지 받기만 했다면 앞으로는 다른 이들을 섬기며 더 큰 은혜를 받기를 기도한다.

영식의 꿈과 소망을 함께 응원하는 지체들 중에서 한 자매가 먼저 마음을 고백했고, 지금은 그들이 풋풋한 연애를 하고 있다. 자매는 영식을 진심으로 아끼며, 하나님께서 영식을 통해 이루고자 하시는 계획을 위해 기도하는 아름다운 사람이었다.

오늘 만남에서 자매도 함께하면 좋았겠지만, 영식이 나와 나눌 이야기가 많아 둘이서만 만나고 싶다고 했다. 대신 자매의 퇴근 시간에 맞춰 야식을 함께하자고 제안했고, 덕분에 평소와 달리 늦은 시간까지 영식에 이어 자매의 이야기까지 들을 수 있는 소중한 시간을 가졌다.

이 두 사람의 행복 가득한 풋풋한 사랑이 스쳐 지나가는 인연으로 끝나지 않고, 서로를 존중하고 아끼며 기도해 주는 삶 속에서 다른 이들의 부러움을 사는 교회 커플이 되길 바란다.

교회 공동체 안에서 연인 관계를 이어 간다는 것이 결코 쉽지는 않지만, 또 한편으로는 그리 어려운 일도 아니다. 안 해 본 것에 대한 두려움보다는 어떻게 하면 교회 공동체 안에서 모범이 될 수 있을지, 다른 커플들에게 좋은 본보기가 될 수 있을지를 고민하고 기도하는 자세가 필요하다.

다행히도 2024년 성경공부 1학기 강좌에서 문충현 목사님께서 '커플의 삶' 강의를 통해 교회 안에서 교제하는 청년들에게 도움을 주시려는 마음을 보여 주셨다. 교회 안에서의 청년들의 교제를 무조건 반대하거나 부정적으로 바라보기보다는, 건전한 만남과 교제 방향을 제시하는 것이 꼭 필요하다고 생각한다.

교제 중이거나 결혼을 앞둔 이들이 서로를 더 잘 이해하고, 결혼 후 발생할 수 있는 문제들을 예방하기 위해 많은 커플이 '커플의 삶' 강좌를 수강하길 바란다. 이를 통해 많은 청년들이 행복한 가정을 이루는 과정에서 교회가 중요한 역할을 했으면 좋겠다.

오늘은 뜻밖에 영식의 여자친구와도 함께 야식을 먹는 즐거운 시간을 보냈다. 이 소중한 만남이 오래도록 이어지길 바라며, 행복은 생각에만 머무르지 않고 실천할 때 찾아오는 선물임을 기억하길 바란다. 서로에게 많은 선물을 주는 행복한 사랑이 영원히 이어지길 진심으로 기도한다.

오늘 만난 영식과 김재희 씨의 이야기는 단순히 개인의 도전이나 사랑을 넘어, 오늘날 청년들이 마주한 현실 속에서 꿈을 향해 나아가는 열정의 중요성을 상징적으로 보여 주는 사례다. 김재희 씨의 회복과 영식의 새로운 도전은 각자의 자리에서 최선을 다하며, 때로는 현실과 타협하면서도 끝내 자신의 꿈을 향해 나아가는 청년들의 모습을 대변한다. 이들의 이야기는 개인적인 성공이나 사랑을 넘어서, 교회 공동체와 사회 속에서 서로를 격려하고 지지하는 관계의 가치를 일깨워 준다.

'커플의 삶'과 같은 프로그램은 청년들에게 건전한 교제와 결혼에 대한 방향을 제시하며, 교회와 사회가 청년들의 행복한 미래를 위해 의미 있는 역할을 할 수 있음을 보여 주는 좋은 예이다. 이들의 도전과 사랑은 교회 공동체 안에서 모범이 되어 다른 이들에게도 긍정적인 영향을 미치며, 더 많은 청년들이 자신의 꿈을 실현하고 행복한 삶을 살아가도록 이끌기를 바란다.

이처럼 각자의 자리에서 최선을 다하고, 서로를 존중하며 기도하는 이들의 모습이 오늘날 우리 사회에 희망과 용기를 전해 주는 본보기가 되기를 기대한다.

꿈을 향한 도전과 여정

우리의 삶은 도전과 선택의 연속이다. 안정된 직장을 떠나 새로운 길을 개척하거나, 현실의 무게에 눌려 잠시 꿈을 접어두는 순간에도, 마음 한구석에는 늘 "내가 진정으로 원하는 것은 무엇일까?"라는 질문이 자리하고 있다. 오늘 만난 영식처럼, 자신의 꿈과 이상을 실현하기 위해 모든 것을 걸고 도전하는 이들이 있다. 그들의 이야기는 단순한 개인의 성공담이 아니라, 우리 모두에게 희망과 용기를 주는 메시지이다.

영식은 안정된 직장을 그만두고 자신만의 길을 개척하기 위해 모든 시간을 투자했다. 군 복무 중 월급을 아껴 창업 자금을 마련하고, 미래를 위해 대학에 입학해 누구보다 열심히 공부했다. 그의 삶은 현실과 이상의 타협 속에서 고군분투하는 많은 이들의 모습을 그대로 보여 준다. 그러나 영식은 포기하지 않았다. 주변의 좋은 사람들에게 위로받고 도움을 받으며, 자신의 꿈을 향해 한 걸음씩 나아가고 있다.

그의 이야기는 우리에게 중요한 교훈을 준다. 꿈을 향해 나아가는 여정에서 두려움은 자연스러운 감정이다. 하지만 그 두려움을 극복하는 순간, 더 큰 가능성과 기회가 펼쳐질 것이다. 실패를 두려워하지 말고, 작은 성공에도 기뻐하며 조금씩 앞으로 나아가야 한다. 우리의 노력이 쌓이면 반드시 빛나는 결과를 맞이하게 될 것이다.

또한, 그 과정에서 만나는 사람들, 특히 교회 공동체와 함께하며 서로에게 힘이 되어 주길 바란다. 각자의 속도로, 각자의 길을 걸어갈 때 때로는 길이 험난하고 막막하게 느껴질 수도 있다. 하지만 그 순간에도 포기하지 않고 한 걸음씩 내딛는 것이 중요하다. 작은 도전들이 모여 큰 변화를 만들고, 그 변화들이 모여 우리의 꿈을 현실로 만들어 줄 것이다.

꿈을 향해 나아가는 여정에서 마주하는 모든 경험은 소중한 자산이다. 우리는 그 과정을 통해 배우고 성장하며, 더 나은 내일을 준비해 나가는 존재이다. 그러한 우리의 꿈은 언제나 응원받아야 할 가치 있는 목표다.

각자의 속도로, 각자의 길을 걸으며 마주하는 수많은 기회와 가능성은 우리의 미래를 밝고 희망으로 가득 채워 줄 자양분이다. 비록 여정이 순탄하지만은 않더라도, 그 안에서 얻는 교훈과 성장은 결국 인생에서 가장 의미 있는 자산이 된다. 함께 걷고 서로를 응원하는 시간은 큰 힘이 되는 밑거름이다.

앞으로도 멈추지 않고 끊임없이 꿈을 향해 나아가야 한다. 그리고 그 꿈이 마침내 현실로 이루어지는 순간까지 흔들림 없이 걸어가야 하는 이유다. 우리의 여정이 언제나 희망과 도전으로 가득하기를 바라는 마음이 그 여정을 더욱 특별하게 만든다.

브라더 밥 프로젝트 1

✦ 빛나는 등불 하나 ✦

"사람이 마음으로 자기의 길을 계획할지라도
그 걸음을 인도하시는 이는 여호와시니라"

(잠언 16:9)

한 달간의 고요했던 공백기를 뒤로하고, 마치 겨울잠에서 깨어난 봄꽃처럼 다시 일상으로 돌아왔다. 시간은 멈춰 있는 듯 더디게 흘렀지만, 그 속에서도 새로운 시작을 위한 씨앗은 조용히 움트고 있었다.

12월은 숨 가쁘게 지나갔다. 크고 작은 행사들과 유치부 활동, 그리고 만나야 할 사람들로 인해 하루하루가 **빽빽**했다. 마치 정교한 시계처럼 모든 일정과 업무가 조화롭게 맞물려 돌아가야 했지만, 결국 무리한 톱니바퀴의 회전은 멈추고 말았다. 건강에 경고등이 켜지며 몸상태가 급격히 나빠지기 시작했고, 결국 일주일이라는 시간을 물과 함께 침대에 누워 보내야 했다. 그것은 마치 달리기 선수가 갑자기 트랙에서 멈춰 서야 하는 것처럼 당혹스러운 순간이었다.

하늘이 무너질 것 같던 걱정과 달리, 다행히도 큰 이상은 발견되지 않았다. 마치 겨울이 지나고 봄이 오듯, 일주일이 지나자 서서히 컨디션이 회복되기 시작했다. 일상으로의 복귀를 위해 천천히 걸음을 준비하는 동안, '브라더 밥'에 대한 조급한 마음도 있었지만, 문득 깨달았다. 이는 100미터 단거리가 아닌 마라톤과 같은 장기 레이스이기에, 때로는 숨을 고르며 쉬어 가는 것도 필요한 지혜라는 것을. 그 깨달음은 마치 오랫동안 찾던 열쇠를 발견한 것처럼 선명했다.

몸과 마음이 다시 제자리를 찾았다고 느껴질 무렵, 마치 기다렸다는 듯이 8회 '브라더 밥', 철수와의 만남이 성사되었다. 초봄의 차가운 공기를 가르며, 따스한 정이 담긴 시원한 동태탕 한 그릇을 나누기 위해 발걸음을 옮겼다. 그날의 하늘은 유난히 맑았고, 겨울의 끝자락과 봄의 시작이 만나는 경계에 서 있는 듯했다.

평소 인스타그램을 통해 소통하면서 서로를 알아 가고 있었기에, 첫 대면임에도 불구하고 어색한 대신 포근한 편안힘이 자리 잡았다. 철수의 시원시원한 이야기는 마치 동태탕의 진한 육수처럼 깊이 있는 맛을 더해 갔다. 수저를 드는 속도보다 이야기를 나누는 속도가 더 빨랐고, 식사 시간보다 대화하는 시간이 더 길었던 그 순간은 마치 오랜 친구와의 재회 같은 따스함으로 가득했다. 한 달이라는 공백기가 마치 안개처럼 사라질 만큼, 동태탕의 시원한 맛과 철수의 진솔한 이야기는 서로를 어우러지게 하는 깊은 울림이 되었다.

진정한 육수를 우려내는 과정은 마치 인생과도 같다. 좋은 재료와 인내의 시간이 절대적으로 필요하다. 마치 초보 요리사처럼 경험이 부족한 이들은 좋은 재료를 가지고도 시간을 제대로 가늠하지 못해, 때로는 너무 이르게, 때로는 너무 늦게 건져 내는 실수를 범한다. 반면 오랜 시간 주방을 지켜 온 장인은 재료 하나하나의 특성을 이해하고, 최적의 시간을 알고 있어 언제나 깊이 있는 육수를 만들어 낸다. 이는 수많은 시행착오와 끊임없는 인내의 시간이 빚어낸 경험의 결실이다. 마치 인생에서 우리가 배우는 지혜처럼, 때로는 실패가 가장 큰 스승이 되기도 한다.

겉으로는 봄날의 햇살처럼 밝아 보이는 철수였지만, 그 속에는 겨울의 한기가 아직 남아 있었다. 자신의 진짜 모습을 감추고 타인이 바라는 모습으로 살아가느라, 본연의 빛을 잃어 가고 있었던 것이다. 마치 남의 정원에 심어진 화초처럼, 자신만의 땅을 찾지 못한 채 타인의 기대 속에서 살아왔다. 늘 다른 이들의 눈치를 살피며, 자신의 진정한 모습은 잊은 채 살았던 시간들. 그것이 얼마나 힘든 여정이었을지, 동태탕의 김이 피어오르듯 그의 이야기가 조용히 피어올랐다.

이제야 그 사실을 깨닫고 새로운 시작을 준비하는 철수의 용기에 마음 깊은 곳에서 뜨거운 박수가 울렸다. 마치 겨울을 이겨 내고 피어나는 봄꽃처럼, 자신만의 색깔을 찾아가려는 그의 여정이 아름답게 느껴졌다. 철수가 이 용기를 낼 수 있도록 끊임없는 관심과 기도로 지원해 준 교회 공동체의 사랑도 깊은 감동으로 다가왔다.

이제 그가 어떻게 자신만의 진한 육수를 우려낼지, 그 여정이 무척 기대된다. 분명 고난과 시련이라는 바람이 불어올 테지만, 이미 겪은 시간들이 주는 지혜로 더 단단해진 그의 모습이 보였다. 마치 꽃봉오리가 천천히 피어나듯, 그의 자신감과 자존감도 조금씩 회복되어 가는 것이 느껴져 가슴이 따뜻해졌다.

이른 새벽, 스마트폰 화면을 수놓은 메시지들이 마치 별처럼 반짝였다. 잠에 취한 손이 자연스레 핸드폰으로 향했고, 달콤한 꿈의 끝자락을 붙잡은 채 메시지를 확인하게 되었다. 처음에는 잠을 방해받아 짜증이 일었지만, 이내 그것이 일상의 자연스러운 리듬이 되었음을 깨달았다. 마치 아침을 알리는 새소리처럼 익숙해진 알림음이었다.

메시지를 보낸 이들은 18년이라는 시간을 함께 걸어온 입사동기들이었다. 각자의 자리에서 자신만의 진한 육수를 우려내고 있는 이들이, 매년 이날이면 서로의 안부를 묻는 특별한 의식과도 같은 순간이었다. 마치 철새들이 정해진 계절에 모이듯, 우리는 이날만큼은 서로의 목소리를 확인하며 따스한 정을 나누었다.

세월의 흐름 속에서 우리 모임의 풍경도 조금씩 변해 갔다. 처음 24명이었던 동기들이 이제는 10명으로 줄었지만, 오히려 그 인연의 끈은 더욱 단단해졌다. 비록 코로나라는 예기치 못한 폭풍이 우리의 만남을 가로막기도 했지만, 그 어떤 것도 우리의 인연을 끊을 수는 없었다. 마치 오래된 나무의 뿌리처럼, 서로를 향한 그리움과 애정은 더욱 깊어만 갔다.

해가 갈수록 깊어지는 고민이 있다면, 이곳에 계속 머물러야 할지, 아니면 새로운 바다로 항해를 떠나야 할지에 대한 것이다. 하지만 그 고민조차 이제는 자연스러운 일상의 일부가 되었다. 변화에 대한 두려움이라는 것도, 어쩌면 더 나은 미래를 향한 건강한 긴장감일지도 모른다. 이제는 혼자만의 여정이 아닌, 가족이라는 소중한 동반자들과 함께하는 여정이기에 더욱 신중해진다.

나는 늘 주변 사람들에게 이야기한다. 행복은 마치 등불과 같아서, 내가 먼저 밝게 빛나야 다른 이들도 그 빛으로 길을 찾을 수 있다고. 경험이 가르쳐 준 진리다. 내가 불행이라는 그늘에 갇혀 있을 때면, 가족들도 그 어둠 속에서 힘겨워했다. 하지만 내가 행복이라는 촛불을 켜기 시작하자, 그 작은 빛이 가족 모두의 마음을 환하게 비추기 시작했다. 그때부터 지금까지, 나는 그 빛을 지키며 살아가고 있다.

18년이라는 시간 동안, 삼성전자라는 거대한 배에서 항해하며 가장 큰 모험을 감행한 것은 10년 넘게 해 오던 일을 바꾼 것이다. S/W 개발자라는 익숙한 옷을 벗어던지고, 새로운 도전을 시작했다. 마치 달리기에 지친 마라토너가 잠시 걸음을 멈추고 새로운 호흡을 찾는 것처럼, 나도 잠시 멈춰 서서 다시 달릴 힘을 모았다.

그 과정에서 만난 스페인 산티아고 순례길은 내게 새로운 삶의 '땔감'을 선물했다. 매년 그 길을 걸으며, 마치 순례자들이 조개껍질을 줍듯 나는 행복이라는 보물을 하나씩 모아 갔다. 그렇게 모은 행복으로 나만의 진한 육수를 우려내기 시작했다. 10년간 고여 있던 물을 과감히 비우고, 새로운 도전을 시작하기 위해 부서장님께 용기 내어 말씀드렸다.

처음에는 낯선 바다에 던져진 것 같은 두려움도 있었지만, 그 과정 자체가 새로운 모험이 되어 즐거움으로 다가왔다. 18년이라는 시간이 쌓이고 난 지금, 동기들과 나누는 메시지 속에서도 이전과는 다른 나만의 색채가 선명히 비친다. 이제는 망설임 없이 더 큰 행복을 향해 항해하며, 사랑하는 가족들과 그 기쁨을 나누는 삶을 살아간다. 이 여정에서 '브라더 밥'은 또 하나의 소중한 '땔감'이 되어 가고 있다. 더 많은 청년들이 이 여정에 동참한다면, 그것은 마치 수많은 별들이 밤하늘을 수놓는 것처럼 아름다운 광경이 될 것이다.

이런 깨달음과 변화 속에서, '브라더 밥'은 내 삶에 새로운 빛을 더하는 등불이 되어 가고 있다. 마치 어둠 속에서 불빛 하나가 다른 불빛들을 이끌어 내듯, 더 많은 청년들이 이 여정에 동참할 때마다 그 빛은 더욱 밝아진다. 때로는 작은 촛불 하나가 어둠을 밝히는 시작이 되듯, 한 사람의 작은 변화가 세상을 바꾸는 시작점이 될 수 있다는 믿음으로 한 걸음씩 나아가고 있다. '브라더 밥'이라는 새로운 여정은 단순한 봉사활동이 아닌, 서로의 삶을 나누고 함께 성장하는 특별한 만남의 시간이다. 더 많은 청년들과 함께할수록, 이 여정은 더욱 풍성해지고 깊어질 것이다. 마치 별들이 모여 은하수를 이루듯, 우리의 작은 만남들이 모여 아름다운 이야기를 만들어 갈 것이라 믿는다.

이렇게 나는 오늘도, 어제보다 조금 더 나은 내일을 꿈꾸며 한 걸음씩 나아간다. 때로는 피곤에 지치고, 가끔은 고민에 멈춰 서기도 하지만, 이 모든 순간이 내 삶을 더욱 깊이 있게 만드는 소중한 재료가 된다는 것을 알기에 감사함으로 하루하루를 살아간다. 그리고 이 여정에 동행해 주는 모든 이들에게, 마음 깊은 곳에서 우러나오는 고마움을 전한다.

새로운 시작과 성장의 여정

 삶은 마치 진한 육수를 우려내는 과정과 같다. 좋은 재료와 충분한 시간이 필요하며, 인내와 경험이 쌓일수록 깊은 맛이 더해진다. 초보 요리사는 좋은 재료를 가지고도 시간을 제대로 가늠하지 못해 실수를 범하기도 하지만, 오랜 시간 주방을 지켜 온 장인은 재료 하나하나의 특성을 이해하고 최적의 시간을 알고 있기에 언제나 깊은 풍미를 낸다. 이는 수많은 시행착오와 끊임없는 노력 속에서 빚어진 경험의 결실이며, 때로는 실패가 가장 큰 스승이 되기도 한다.

 겉으로는 봄날의 햇살처럼 밝아 보여도, 그 속에는 여전히 겨울의 한기가 남아 있을 수 있다. 자신의 진짜 모습을 감추고 타인이 기대하는 모습에 맞추다 보면, 본연의 빛을 잃어 갈지도 모른다. 하지만 이제 그 사실을 깨닫고 새로운 시작을 준비하는 용기 있는 이들에게 마음 깊은 곳에서 뜨거운 박수를 보낸다.

 우리 모두는 이미 자신만의 진한 육수를 우려내기 위한 여정을 시작했다. 그 길이 때로는 힘들고 외로울 수 있지만, 그 과정 자체가 새로운 모험이 되어 즐거움으로 다가올 것이다. 더 많은 이들이 이 여정에 동참한다면, 그것은 마치 수많은 별들이 밤하늘을 수놓듯 아름다운 광경이 될 것이다.

오늘을 살아가는 우리는 이미 봄꽃처럼 피어나고 있다. 자신만의 색을 찾아가며, 더 큰 행복을 향해 나아가는 여정이 아름답다. 때로는 작은 촛불 하나가 어둠을 밝히듯, 작은 변화가 세상을 바꾸는 시작점이 될 수 있다는 믿음으로 한 걸음씩 나아가길 기대한다.

우리는 결코 혼자가 아니다. 함께 걷는 이들이 서로의 빛을 응원하며, 그 마음이 이 여정을 더욱 따뜻하게 만든다. 오늘도 우리는 어제보다 더 나은 내일을 꿈꾸며 한 걸음씩 나아간다. 그 여정의 모든 순간은 삶의 깊이를 더해 주는 귀한 재료가 되어, 마침내 진정한 삶의 육수를 우려내게 될 것이다. 그리고 바로 그때, 우리의 빛나는 여정이 본격적으로 시작될 것이다.

브라더 밥 프로젝트 1

✦ 닮은 마음, 다른 모습 ✦

"서로 친절하게 하며 불쌍히 여기며 서로 용서하기를 하나님이 그리스도 안에서 너희를 용서하심과 같이 하라"

(에베소서 4:32)

선택장애가 있는 나는 중국집에 들어설 때마다 깊은 고민에 빠진다. 주방에서 새어 나오는 짜장면의 달콤한 춘장 향과 짬뽕의 진한 해물 향이 뒤섞여 후각을 자극할 때면, 그날의 선택이 더욱 어려워진다. 춘장의 깊은 감칠맛과 면발에 스며든 달콤함이 매력적인 짜장면, 매콤한 국물과 신선한 해산물의 조화가 일품인 짬뽕. 똑같은 면발이지만 전혀 다른 두 세계를 맛볼 수 있다는 것이 중화요리의 매력이자 나의 고민거리다.

이런 고민 많은 손님들을 위해 일부 중국집에서는 '짬짜면'이나 '쟁반짜장' 같은 절충안을 내놓았지만, 어중간한 양 때문에 오히려 더 큰 아쉬움을 남긴다. 결국 나는 한 가지 맛에 온전히 집중하는 것을 선택한다. 마치 인생의 어떤 순간들처럼, 때로는 하나를 포기하고 다른 하나에 집중하는 것이 더 나은 결과를 가져다주기 때문이다.

그런데 흥미롭게도 스파게티 레스토랑에서는 이러한 선택의 고민이 없다. 오랜 시간 동안 발전시켜 온 나만의 규칙이 있기 때문이다. 토마토 소스는 집에서도 충분히 맛볼 수 있는 친숙한 맛이라, 외식할 때는 언제나 크림 파스타를 선택한다. 부드러운 크림 소스는 다른 요리들과도 조화롭게 어우러지고, 식전에 나오는 따뜻한 포카치아에 찍어 먹기에도 더

없이 좋다. 살짝 느끼하다고 느낄 수 있지만, 그것마저도 파스타의 매력이라고 생각한다.

오늘 저녁은 특별했지만 특별함이 전혀 없는 여유롭고 일상의 다른 평범한 만남처럼 편안한 가운데 서로의 취향과 성격이 마치 짜장면과 짬뽕처럼 다르지만, 오랜 시간 우정을 쌓아 온 은영과 은미와 함께하는 9회 '브라더 밥' 만남이었다. 음식 취향이 제각각이라 메뉴 선정에 시간이 걸렸지만, 그 과정마저도 두 사람의 우정을 더욱 돈독하게 만드는 준비 시간이었다. 마치 좋은 와인이 숙성되듯, 기다림은 오늘의 만남을 더욱 특별하게 만들어 주었다.

테이블에 놓인 아메리카노를 천천히 음미하며, 커피가 식어 갈수록 더욱 깊어지는 풍미처럼, 세월이 흐를수록 깊어지는 우정에 대해 생각했다. 처음의 쌉싸름한 맛이 부드러운 깊이로 변화하는 것처럼, 두 사람의 관계도 시간이 흐르면서 더욱 풍부해지고 성숙해져 갔다.

이러한 깊이 있는 관계의 소중함을 깨닫게 된 것은 얼마 전 경험했던 한 부부와의 만남 때문이었다. 나보다 서너 살 많은 이 부부와는 종종 식사를 하며 겉으로는 허물없이 지내는 듯했다. 하지만 실상은 달랐다. 내가 깊은 번아웃으로 힘들어할 때, 형에게 도움의 손길을 바랐지만 기대했던 반응은 오지 않았다. 말로 표현하진 않았어도, 나의 고통스러운 모습이 충분히 전달되었다고 생각했기에 더욱 서운했다.

그 시기에 나는 마치 짜장면과 짬뽕처럼 선명하게 나뉜 두 가지 감정 사이에서 흔들렸다. 한편으로는 깊은 상처와 서운함이, 다른 한편으로는 관계를 지켜 내고 싶은 간절함이 있었다. 결국 이 복잡한 감정은 한동안 모든 인간관계로부터 도피하게 만들었다. 마치 메뉴 선택이 어려워 식당을 피하는 것처럼, 사람들과의 만남도 피하게 된 것이다.

하지만 시간이 흐르면서 번아웃을 이겨 내는 방법을 조금씩 터득해 갔고, 형과의 관계도 새로운 국면을 맞이했다. 어느 날 저녁 식사 자리에서, 용기를 내어 그동안의 내 심정을 털어놓았다. 형의 놀란 표정과 당혹스러워하는 모습은 지금도 선명하게 기억난다. 하지만 그 순간이 오히려 우리 관계의 전환점이 되었다. 형 역시 자신의 힘든 속내를 털어놓았고, 서로를 이해하고 돕기로 약속했다.

현재 우리의 관계는 마치 잘 조화된 짜장면과 짬뽕처럼 각자의 맛을 인정하면서도 조화롭게 어우러지고 있다. 오늘 만난 은영과 은미의 모습에서 이런 관계의 아름다움을 다시 한번 발견할 수 있었다. 그들은 서로 다른 성격과 환경 속에서도, 마치 작은 어깨이지만 서로에게 기댈 수 있는 든든한 버팀목이 되어 주고 있었다.

우리들의 우정에서 특별한 점은 과시적이지 않은 진정성이었다. 있는 그대로의 모습을 인정하고 받아들이는 순수함이 느껴졌다. 때로는 서로에게 날카로운 말을 하기도 하지만, 그 이면에는 상대방을 걱정하는 깊은 애정이 깔려 있음을 서로가 잘 알고 있었다. 마치 짜장면의 달콤함과 짬뽕의 매운맛처럼 전혀 다른 성향이지만, 그 차이를 인정하고 존중하며 서로의 길을 응원하고 있었다.

우리들의 모습을 보며, 진정한 우정이란 완벽한 조화나 비슷함이 아닌, 서로의 다름을 인정하고 존중하는 데서 시작된다는 것을 깨달았다. 마치 짜장면과 짬뽕이 각자의 특별한 맛으로 사랑받듯이, 우리도 각자의 개성을 가진 채로 서로를 보완하며 성장해 갈 수 있는 것이다.

우리들의 사랑스럽고 순수한 우정을 바라보며, 나는 조용히 기도했다. 이 특별한 인연이 오래도록 이어지기를, 서로에게 더없이 귀중한 동반자가 되어 주기를. 그리고 우리 모두가 각자의 짜장면과 짬뽕 같은 관계 속에서 더욱 풍성한 삶의 맛을 누릴 수 있기를 진심으로 소망했다.

인생의 선택 앞에서 망설여질 때는 완벽함을 추구하기보다 있는 그대로의 자신을 받아들이고, 주변의 사람들과 조화를 이루며 나아가는 것이 중요하다. 서로의 다름을 인정하고 존중하는 마음이야말로 진정한 성장과 행복을 가져다줄 것이다. 청년 때 여정이 짜장면과 짬뽕처럼 다양한 맛과 향으로 가득 차길 바란다.

인생은 선택의 연속이다

　우리의 삶은 짜장면의 구수함과 짬뽕의 얼큰함처럼 다채로운 감정과 경험이 어우러진 여정이다. 선택의 기로에서 망설이기도 하고, 완벽함을 추구하며 고민하지만, 그러한 모든 과정은 결국 우리를 단단하게 만드는 성장의 일부다.

　삶의 순간들은 달콤하거나 매콤하다. 짜장면처럼 편안한 날도 있고, 짬뽕처럼 자극적인 날도 있다. 그 모든 맛이 섞여 인생이라는 식탁을 풍요롭게 채우는 것이다.

　때때로 번아웃에 빠져 모든 것을 내려놓고 싶을 때가 있다. 그러나 그 고요함 속에서도 우리는 스스로를 되돌아보고 회복의 기회를 찾는다. 그것 또한 삶의 일부이며, 새로운 시작의 밑거름이다.

　중요한 것은 완벽한 나를 만드는 것이 아니라, 지금의 나를 인정하고 주변과 어울리며 나아가는 것이다. 서로의 다름을 존중하는 마음이야말로 진정한 관계를 만든다.

　짜장면이 고유의 풍미로, 짬뽕이 특유의 향신료로 사랑받듯이, 사람도 각자의 색과 열정을 지닌 존재다. 개성과 꿈이 살아 숨 쉬는 그 모습 자체로 충분한 가치가 있다.

삶은 단조롭지 않다. 다양한 시도와 도전, 실패와 성공이 얽혀 있는 길이다. 때론 넘어지지만, 그 과정 속에서 우리는 더욱 깊어진다. 그것이 삶이라는 큰 이야기의 전개 방식이다.

시간은 지도 없는 여정이다. 각자는 자신만의 길을 탐색하고, 그 길에서 마주치는 인연과 감정이 인생을 더욱 풍요롭게 만든다. 우리가 남기는 흔적은 각자의 방식으로 세상에 의미를 더하는 것이다.

그러므로 두려워하지 말아야 한다. 짜장면과 짬뽕이 각기 다른 매력으로 사랑받듯, 우리도 고유의 빛으로 삶을 채워야 한다. 그 모든 과정이 바로 살아 있다는 증거이며, 아름다운 여정의 일부다.

브라더 밥 프로젝트 1

✦ 성장이 움트는 시간 ✦

"평안을 너희에게 끼치노니 곧 나의 평안을 너희에게 주노라
내가 너희에게 주는 것은 세상이 주는 것과 같지 아니하니라
너희는 마음에 근심하지도 말고 두려워하지도 말라"

(요한복음 14:27)

계절의 변화를 요즘은 온몸으로 느끼며 지내고 있다. 어느 날은 더웠다가, 어느 날은 추웠다가, 시시각각 변하는 날씨 때문에 내 몸과 마음도 마치 온탕과 냉탕을 오가는 듯하다. 이 변화무쌍한 날씨는 주변 사람들의 마음을 불편하게 만들기도 한다. 하지만 누가 알려 주지 않아도, 몸의 변화를 통해 오늘의 날씨를 피부로 느끼며 일상의 하루를 보내고 있다.

그리고 함께 동반되는 두통은 그날의 기분과는 상관없이 항상 고압 상태를 유지한다. 아침에 일어나 정기적으로 복용하는 혈압약 덕분에 정상 수치를 유지하려고 노력 중이다. 그러다 보니, 나의 눈치를 잘 보는 가족들이 가장 큰 직격탄을 맞는 것 같다. 미안한 마음이 들지만, 이는 나의 의지와 상관없이 표면적으로 나타나는 무의식적인 상태의 증거일 뿐이다. 나도 눈치가 있기 때문에 가족들의 눈치를 보며, 그 느낌과 감정을 통해 내 상태를 짐작할 뿐이다. 요즘은 이런 시간이 길어지고 있다는 생각이 든다.

몸 전체적으로 뭔가 모르게 편안하지 않고, 불편함과 불안함이 자꾸 든다는 것이 또 다른 문제이다. 하지만 몸의 변화와 마음의 변화, 감정 기복이 다른 때와 다르게 많이 일어나고 있기 때문에 생겨나는 현상이라는 생각이 현재 더 지배적이다. 최대한 억제를 해 보려고 노력하지만, 내 의지와 다르게 변화가 생기는 것 같다.

계절의 변화는 몸의 바이오리듬을 오락가락하게 만드는 단점도 있지만, 장점도 있다. 변화에 민감하다 보니, 변화되어 가는 사물이나 현상에 대해 더 민감하게 반응하고 판단할 수 있는 능력이 나도 모르게 조금씩 훈련되고 있다. 이는 단단한 자리를 찾아가기 위한 노력의 일환일 것이다.

요즘은 '브라더 밥'을 통해 만나는 친구들의 이야기를 통해, 나의 잠재된 마음이 흐트러진 퍼즐판을 완성하기 위해 조각들이 빈자리를 찾아가고 있는 것 같다. 지금은 흐트러진 퍼즐판이지만 한 조각, 한 조각 완성해 나가다 보면 불안한 마음도 정서도 안정을 찾아갈 것이라 믿어 의심치 않는다. 그리고 그 가운데 기준은 오직 내가 믿고 있는 하나님이 계시기 때문이다.

오늘도 한 조각의 퍼즐을 완성하기 위해, 10회 '브라더 밥'이라는 귀한 만남을 위해 영수라는 청년이 일하고 있는 곳으로 직접 찾아갔다. 점심을 먹고 풍성해진 배에 자극을 주기 위해 동네 한 바퀴를 돌다가, 이름 모를 꽃들이 피어 있는 것을 보게 되었다. 그 자태가 너무 예뻐 사진을 찍어 단톡방에 공유하며 무심코 말했다.

"이쁘게 피기 위해서 열심히 노력 중인 것 같습니다."

이 글을 본 어느 분이 '나른한 오후에 뭔가 생각하게 하는 말씀이 참 좋네요'라는 댓글을 달아 주셨다. 그분의 말씀에 대해 곰곰이 생각해 보았다. 한낱 미물인 식물도 봄에 꽃을 피우기 위해 겨울과 싸우면서 움츠러들어 있기만 할 것이 아니라, 봄을 맞이하기 위한 준비도 게을리하지 않고 열심히 노력했을 것이다. 그렇기 때문에 세상의 시간에 맞춰 자신이 꽃피울 수 있는 가장 예쁘고 아름다운 모습으로 피울 수 있는 이유일 것이다. 그 노력하는 모습이 너무 예쁘고 아름다워 지나가는 발걸음을 멈추고 봄을 함께 느끼기 위해 사진도 찍고, 짧은 순간이지만 함께 느끼려는 이유일 것이다.

오늘은 긴 겨울 가운데 기지개를 펴고 봄을 맞이하기 위해 본인만의 색깔을 가지고 본인의 사업장을 통해 다른 이들에게 세상에서 가장 아름답고 이쁜 꽃 향기를 함께 나눠 주기 위해 노력하고 있는 영수라는 청년을 만났다. 나름 이 지역에서 맛집으로 유명한 음식점 중 하나이며, 젊은 센스와 감각으로 젊은이들과 회사 사람들에게 좋은 입소문으로 회식하기 좋은 장소 중 하나로 손꼽히는 곳이다. 어머니와 교회 청년과 함께 직접 운영하고 있는 영수였다.

음식점을 경영하기 때문에 만날 수 있는 시간이 제한적이었고, 영수가 원하는 시간은 주일 청년예배 전만 가능했다. 하지만 나는 그 시간에 유치 2부를 섬기고 있어 서로 시간이 맞지 않아 고민을 좀 했다. 그래서 한참 고민 끝에 생각해 낸 것이 자칭 '찾아가는 서비스'다. 저녁 11시에 영수의 사업장이 끝나기 때문에 그 이후 시간은 둘 다 가능할 것 같아 영수에게 제안을 했는데, 너무 좋아했다. 그래서 10회 '브라더 밥'은 최초로 저녁 11시에 영수의 사업장에서 열리게 되었다.

영수는 주일이 되면 교회에서 목장의 목자로, 초원지기로 1 청년을 열심히 섬기고 있는 청년이었다. 그리고 평일에는 어머니 가게를 이어받아 본인만의 색깔과 개성을 가지고 어머니의 뒤를 이어 사업체를 운영하고 있었다. 개인적으로 영수의 어머니는 알고 있었지만, 실제 영수를 직접 보고 알게 된 것은 얼마 되지 않았다. 사업체를 운영하는 대표답게 만남을 통해 얻고자 하는 질문과 이야깃거리를 적어 매장 마무리하는 동안 나의 지루함을 달래 주기 위해 미리 생각할 수 있는 시간을 주기 위한 배려심까지 보여 주는 진정성이 느껴져 기나림의 시간이 좋았다. 그리고 함께 미리 준비해 둔 차와 따뜻한 물 한 잔이 날씨 변화에 민감한 나에게 더 안정감을 주었다.

깔끔한 훈남인 영수의 외모와 함께 친근감 있는 영수의 모습 때문에 첫 만남의 어색함보다는 오랫동안 알고 지내 왔던 친한 동생처럼 느껴졌다. 만남을 위해 영수가 보여 준 작은 배려심이 나의 마음을 편안하게 만들어 준 이유일 것이다. 그 마음 때문에 한결 마음이 편해졌고, 두 사람의 대화는 새벽이란 느낌을 전혀 받지 못했다. 각자 마음에 있는 이야기들을 실타래가 풀리는 것처럼 전혀 막힘없이 주거니 받거니, 누구 하나 지친 기색 없이 웃음 가득한 가운데 대화를 이어 갔다.

청년이란 특성 때문에 조금은 소극적인 모습의 청년들과, 초원지기를 하면서 어떻게 목자들을 섬겨야 할지 고민하고 기도하는 가운데 그 답을 찾기 위해 좋은 모습의 신앙관을 가지고 청년들에게 본을 보이기 위해 본인이 할 수 있는 최선의 방법을 통해 청년들을 섬기고 있었다. 섬기고 기도하는 영수의 모습이 참으로 귀하게 느껴졌고, 나에게도 많은 도전거리와 앞으로 해야 할 일들에 대해 다시 한번 돌아보는 시간이 되었다.

그리고 영수의 질문 중, 영수의 나이로 내가 돌아간다면 무엇을 가장 해 보고 싶으냐는 질문이 있었다. 질문지에 있던 질문이었고, 만남을 하기 전에 받았던 폼에도 적혀 있던 질문이라 사실 고민은 했다. 하지만 나는 과거에 대한 생각에 사로잡혀 있는 것보다는 현재가 있고, 미래에 대한 준비를 더 해야 한다는 생각으로 살아가고 있다. 모두에게 과거가 있기 때문에 현재가 있다. 지나온 과거에 대한 반성은 중요하지만, 그 반성이 자칫 미래를 준비할 때 걸림돌로 작용할 수 있는 시기가 나는 지금 청년의 시간이라 생각한다.

청년일 때 많은 아픔과 시련을 겪어 보고 이겨 내는 힘을 길러 내야 된다고 생각한다. 한낱 미물인 식물도 짧은 생의 주기지만, 봄에 본인이 가장 아름답고 이쁜 모습으로 피어나기 위해 그 수많은 시간을 겨울과 싸우면서 노력한 결실일 것이다. 그리고 또다시 다음 해 봄에 꽃을 피우기 위해 수많은 시련과 역경이 올 것을 알면서 이겨 내기 위해 노력하고 준비할 것이다. 그러면 더 땅과 함께 단단해지기 위해 무수한 노력을 할 것이다.

이런 과정이 지금을 살아가는 청년들에게 꼭 필요한 것은 아니지만, 그렇다고 필요 없다고는 할 수 없다. 이제 겨우 반평생을 바라보고 있는 나이를 살아가고 있지만, 그 주기가 점점 더 자주 오는 것을 느끼며 지내고 있다. 과거에도 역경과 시련을 이겨 내기 위해 분명 무엇인가를 위해 열심히 했을 것이다.

나는 그 자체만으로 존중하고, 미래의 내가 과거를 회상했을 때 지금처럼 열심히 했을 것이라는 생각이 지배적이다. 미래를 위해 더 많은 시간을 할애해서 준비할 것이다. 그래서 영수에게는 과거로 돌아가기보다는 미래에 대해 더 많이 준비하고 고민할 것이라고 답했다.

그리고 내가 어떤 존재이며, 내가 어떻게 살아야 할지 깊이 고민하는 가운데 가정과 교회와 직장과 그리고 나의 모든 생활과 조화를 이루며 살아가기 위해 최선의 노력을 다할 것이라고 덧붙였다. 그러기 위해 지금도 열심히 모두에게 주어진 동일한 24시간을 알차게 보내기 위해 수많은 시행착오를 반복하며 치열하게 살아가고 있다고 말했다.

많은 사회경제학자들은 미래를 준비하고 예측하기 위해 과거에 일어난 일에 대해 먼저 학습하고 준비한다고 한다. 아마도 과거에 잘못된 일들에 대해 반성하고 학습하지 않기 위한 방법일 것이다. 그리고 과거를 학습하고 현재보다는 더 밝고 행복한 미래를 꿈꾸며 미래를 위해 준비할 것이다.

오늘 만남을 가진 영수는 이런 준비를 본인의 색깔과 개성을 통해 사람들에게 유익이 되는 방법을 통해 찾으려고 노력하는 과정 가운데 평소 가지고 있던 많은 질문과 생각들이 이번 만남을 통해 조금은 해소되고 있는 시간을 보내고 있다고 말해 주었다. 그래서인지 매장의 벽시계가 새벽 3시를 넘어가고 있는 것조차 우리 두 사람은 전혀 모르고 있었다.

긴 시간 쉼 없이 각자의 생각들을 함께 나누며 지루하지 않고 시간 가는 줄 모르고 대화를 이어 가는 것만으로 오늘의 만남이 우리 두 사람에게는 결코 헛된 만남이 아니라는 것을 보여 주는 단적인 예가 아닐 수 없다. 오늘만 날이 아니기에 이번 기회를 통해 자주 만나 소통하기로 하고 만남을 끝냈다.

오늘 만남은 개인의 성장을 넘어 더 넓은 세상에서도 적용 가능한 가치 있는 교훈과 희망을 주었으며, 변화와 도전 속에서도 포기하지 않고 꾸준히 노력하며 준비하는 자만이 더 아름다운 미래를 맞이할 수 있음을 다시 한번 깨닫게 해 주었다. 이 소중한 시간은 단순한 우연이 아닌, 서로를 통해 더 나은 사람이 되기 위한 깊은 의미와 연결 아래 이루어진 것으로, 앞으로도 이 만남을 통해 얻은 희망과 용기를 바탕으로 각자의 삶 속에서 더 큰 꿈을 꾸고 그 꿈을 실현하기 위해 최선을 다하는 여정을 이어 가길 소망한다. 오늘 나눈 이야기들이 우리의 삶에 긍정적인 변화를 일으키고 더 나은 미래를 향한 소중한 밑거름이 되길 진심으로 바란다.

영수가 청년으로서 고민하고 섬기며 미래를 준비하는 모습은 나에게 큰 도전이자 깊은 영감을 주었다. 그의 진정성과 성실함은 개인적인 성공을 넘어, 주변 사람들에게 긍정적인 영향을 주는 모범이 되었다. 오늘 나눈 이야기들은 단순한 대화를 넘어, 각자의 삶 속에서 더 나은 선택을 하고, 더 의미 있는 삶을 살아가도록 이끄는 소중한 길잡이가 되었다.

앞으로 서로의 삶을 응원하며, 각자의 자리에서 최선을 다해 더 나은 미래를 향해 나아가는 여정을 함께할 것을 다짐한다. 이 만남이 끝이 아니라 시작임을 기억하며, 앞으로도 더 많은 이야기와 경험을 나누며 서로를 성장시키는 관계가 되길 소망한다.

변화와 성장을 위한 작은 씨앗

젊은 시절의 순간들은 변화와 도전의 연속이다. 때로는 계획대로 되지 않아 좌절하거나 예상치 못한 변수에 부딪혀 멈춰 서기도 하지만, 그 모든 순간이 성장의 발판이 된다. 아픔과 시련을 통해 강인함을 키우고, 실패를 통해 지혜를 배운다. 작은 씨앗이 봄에 아름다운 꽃을 피우기 위해 겨울을 견디듯, 우리도 어려움을 극복하며 더욱 단단해진다.

변화는 두렵지만, 그 속에서 새로운 가능성을 발견할 수 있다. 틀에 박힌 일상에서 벗어나고자 하는 작은 도전이 결국 나를 더 나답게 만드는 과정이 된다. 계획을 세우고, 변수에 대응하며, 무리하지 않는 선에서 조금씩 변화를 시도하는 것이 중요하다. 이 작은 변화들이 모여 결국 큰 성장을 이루게 된다.

짧은 이 순간에도 무궁한 열정과 꿈이 숨 쉬고 있다. 과거를 돌아보고 현재를 충실히 살아가며, 미래를 준비하는 과정은 결코 헛되지 않다. 오늘 만난 영수처럼, 자신만의 색깔과 개성을 통해 사람들에게 유익한 영향을 주는 방법을 찾고, 그 과정에서 질문을 던지고 답을 찾아가는 여정이 바로 이 시기의 의미이다.

조그만 씨앗이 아름드리 나무로 자라기까지는 인내와 시간이 필요하다. 하지만 그 과정에서 뿌리를 내리고, 가지를 뻗으며, 꽃을 피우는 순간이 찾아온다. 우리도 지금의 작은 도전과 노력이 모여 언젠가는 세상에 선한 영향력을 미치는 아름다운 나무로 성장할 것이다.

그러니 두려워하지 말고, 지금의 어려움이 더 큰 성장을 위한 준비 과정임을 믿어야 한다. 작은 변화부터 시작하면, 그 변화가 모여 더 나은 미래를 열어 줄 것이다. 이 시절은 희망과 가능성으로 가득 차 있으며, 그 가능성을 믿고 오늘도 한 걸음씩 나아가야 한다. 우리 안에는 이미 아름드리 나무가 될 씨앗이 있다.

삶은 단순히 성공을 향해 달려가는 것이 아니라, 자신의 정체성을 찾고, 주변과 조화를 이루며 살아가는 과정이다. 때로는 실패하고, 때로는 넘어지더라도 그 모든 경험이 우리를 더 강하게 만들고, 더 나은 내일로 이끌어 줄 것이다. 인생의 이 소중한 시기는 짧지만, 그 안에 담긴 열정과 꿈은 무한하다. 그 무한한 가능성을 믿고, 오늘도 최선을 다해 살아가야 한다.

작은 시작이 세상에 큰 울림을 전할 수 있다. 우리 안의 씨앗은 시간이 지나 아름드리 나무로 자라나고, 그늘과 향기로 더 많은 이들에게 희망과 용기를 건넨다. 그러니 주저하지 말고, 지금 이 순간부터 한 걸음 내딛자. 우리의 내일은 지금 상상하는 것보다 훨씬 더 빛나고 아름다울 것이다.

브라더 밥 프로젝트 1

✧ 돋아나는 씨앗 ✧

"그러므로 너희가 더욱 힘써 너희 믿음에 덕을,
덕에 지식을, 지식에 절제를, 절제에 인내를, 인내에 경건을,
경건에 형제 우애를, 형제 우애에 사랑을 공급하라"

(베드로후서 1:5-7)

정리하지 못한 숙제를 하기 위해 집 근처 한적한 카페를 찾았다. 문을 열고 들어가는데, 나와 닮은 인형이 태연하게 앉아 있는 걸 보고, 사람들이 몰리기 전에 얼른 사진을 찍었다. 첫눈에 든 인상은 욕심 없이 그저 커피 한 잔 마시며 여유롭게 시간을 보내는 곰 인형 같았다. 책을 읽으며 느긋하게 시간을 보내는 모습이 부럽게 느껴졌다. 요즘 내 일상은 너무 타이트해서 여유를 찾기 어려웠고, 그래서 곰 인형의 모습이 더 특별하게 다가왔다.

직장인이라면 누구나 그렇듯, 큰 틀에서 벗어나지 못하고 짜인 일정과 생활에 맞춰 살아간다. 그러다 뭔가 삐걱거리면 몸이 신호를 보내고, 병원에 가서야 내가 틀에서 벗어났음을 깨닫는다. 그리고 다시 그 틀에 나를 밀어 넣고 살아간다. 틀 안에서 규칙적으로 살아가는 것도 나쁘지 않지만, 가끔은 틀 밖으로 나오고 싶은 충동이 든다. 그 이유는 아마도 나의 정체성 때문일 것이다. 지금의 틀 안에서 살기만 하면 큰 변화 없이 살아갈 수 있다. 하지만 시간이 길어질수록 틀이 나를 지배하고 있다는 생각이 더 강해진다.

예전에는 틀에 박혀 살았다면, 지금은 조금씩 벗어나기 위해 노력하고 있다. 하고 싶은 일은 많고 시간은 한정되어 있다 보니 틀을 벗어나려는 노력이 쉽지는 않다. 하지만 시작도 하지 않으면 변화는 없고, 정체성을 극복할 수도 없다.

그래서 나름 계획을 세웠다. 아침에 일찍 일어나 운동을 하고, 퇴근 후에는 색소폰 학원에 가는 일정으로 시작했다. 초반 몇 주는 잘 진행되었지만, 계획은 항상 변수가 생기기 마련이다. 나도 그 변화에 맞춰 계획을 수시로 수정하며 지냈다. 그러다 보니 계획대로 진행한 건 몇 주 되지 않았다.

변화를 시도하는 과정에서 몸은 이상 신호를 보냈지만, 무시했고 결국 탈이 났다. 짧은 시간 안에 회복했지만, 힘든 시간이었다. 한꺼번에 다 할 수 있을 것 같은 자신감이 있었지만, 변수를 고려하지 못한 내 욕심 때문이었다. 틀을 벗어나려는 도전은 잠시 멈췄지만, 포기한 것은 아니다.

지금은 변수에 대응하며 무리하지 않는 선에서 다시 계획을 세웠다. 작은 변화라도 꾸준히 이어 가려고 한다. 작은 바람이 있다면, 이 변화가 주변 사람들에게 좋은 에너지와 선한 영향력을 전달하는 해피 바이러스가 되었으면 한다. 그리고 나의 정체성을 찾아가는 작은 씨앗이 긴 터널을 지나 더 밝은 세상에 도달했을 때, 좋은 에너지를 담은 씨앗을 퍼트리는 아름다운 나무가 되고 싶다.

변화는 쉽지 않지만, 그 과정에서 얻는 교훈과 성장이 나를 더 단단하게 만들어 줄 것이라 믿는다. 조금씩, 꾸준히 나아가며 나만의 길을 만들어 가고 싶다. 그리고 그 과정에서 만나는 모든 순간과 사람들을 소중히 여기며, 함께 성장하는 기쁨을 나누고 싶다. 작은 변화가 모여 큰 변화를 이루고, 그 변화가 세상을 더 밝고 아름답게 만들기를 소망한다.

이 여정 속에서 나는 더 나은 나를 발견할 것이고, 그 발견이 또 다른 가능성을 열어 줄 것이라 믿는다. 변화는 두려울 수 있지만, 그 두려움을 넘어서는 순간 새로운 세상이 펼쳐질 것이다. 나는 그 새로운 세상을 향해 한 걸음씩 나아가고 싶다. 그리고 그 걸음이 누군가에게 영감을 주고, 함께 성장하는 계기가 되길 바란다. 작은 씨앗이 큰 나무로 자라듯, 나의 작은 변화가 세상을 바꾸는 시작점이 되었으면 한다.

작은 변화로 시작하는 나만의 성장

시간은 때로 더디게 흐르는 듯하지만, 그 속에서도 새로운 시작의 씨앗은 조용히 움트고 있다. 긴 겨울을 지나 따스한 햇살 아래 서서히 피어나는 꽃처럼, 우리는 다시 일상 속에서 희망을 틔운다.

삶은 때로 숨 가쁘게 흘러간다. 크고 작은 행사들, 바쁜 일정, 그리고 만나야 할 사람들 속에서 모든 것이 정교한 시계처럼 조화롭게 맞물려 돌아가야 한다고 생각하기도 한다. 하지만 때로는 무리하게 돌아가던 톱니바퀴가 멈추고, 건강이라는 경고등이 켜지며 발걸음을 멈추게 된다. 그 순간은 당혹스럽고, 마치 달리기 선수가 트랙에서 갑자기 멈춰 서야 하는 것처럼 힘겹게 느껴질 수도 있다.

그러나 걱정할 필요는 없다. 하늘이 무너질 것 같은 순간에도, 막상 시간이 지나면 큰 문제 없이 컨디션이 회복될 때가 많다. 다시 일상으로 돌아갈 준비를 하는 과정에서 깨닫게 되는 것이 있다. 인생은 짧은 전력이 아닌, 꾸준한 호흡으로 나아가는 긴 여정과 같다. 때로는 속도를 늦추고 숨을 고르며 쉬어 가는 것이 지혜이며, 그 깨달음은 마치 오랫동안 찾던 열쇠를 발견한 것처럼 선명하게 다가온다.

새로운 시작을 준비하는 모습은 마치 겨울을 이겨 내고 피어나는 봄꽃과 같다. 자신만의 색깔을 찾아가는 그 여정이 아름답게 느껴진다. 역경의 바람이 거세게 몰아쳐 올지라도, 이미 겪어 온 시간들이 준 지혜로 더 단단해진 자신을 발견하게 될 것이다. 새싹이 서서히 자라나듯, 잃었던 자신감도 천천히 모습을 드러낼 것이다.

브라더 밥 프로젝트 1

✦ 나만의 파이를 찾아서 ✦

"너는 마음을 다하여 여호와를 신뢰하고
네 명철을 의지하지 말라 너는 범사에 그를 인정하라
그리하면 네 길을 지도하시리라"

(잠언 3:5-6)

✦

지금 이 시기는 전국 곳곳에 벚꽃이 만개하며 사람들의 옷차림과 모습이 한층 생기로 가득 차는 때다. 긴 겨울의 시간을 뒤로하고 맞이하는 봄은 마치 보상을 받는 듯한 느낌을 준다. 오늘 새로운 만남을 준비하며 긴장된 마음을 조금 차분히 가라앉히고, 봄의 향기를 만끽하고 싶어 약속 시간보다 일찍 약속 장소에 도착했다.

약속 장소 근처에는 작은 호수가 하나 있는데, 호수를 따라 걷다 보면 벚꽃으로 수놓은 자연의 아름다움에 절로 감탄하게 된다. 봄과 함께 다시 활기를 찾은 주변의 생물체들 덕분에 생동감마저 느껴진다. 수많은 사람들이 오가는 이 길에서 스쳐 지나가는 사람들의 얼굴에서는 편안함과 안정감이 묻어난다. 활짝 핀 노란 개나리와 벚꽃잎이 세상을 수놓는 모습을 보며 사람들은 저마다 봄의 보상을 누리고 있었다.

그 아름다운 순간을 오래도록 간직하고 싶어 나도 몇 장의 사진을 찍어 인스타그램에 올려 지인들과 공유했다. 봄이 준 보상은 그리 길지 않은 시간이었지만, 그 효과는 기대 이상이었다. 그리고 오늘 11회 '브라더 밥' 만남의 주인공인 영자가 더욱 궁금하고 기대되는 순간이었다.

지난주 대예배 시간, 중등부에서 준비한 성가곡이 교회 전체에 울려 퍼질 때 우리 부부는 기도하는 마음으로 그 곡을 들었다. 옆에 앉은 아내는 눈을 감고 기도했고, 나도 건희를 응시하며 성가곡이 무사히 끝날 때까지 기도하는 마음으로 집중했다. 중등부 학생들의 귀한 섬김에 감사했고, 특히 건희가 대예배 반주자로 피아노를 치는 모습은 그가 그동안 얼마나 노력했는지를 증명하는 순간이었다.

건희가 중학생이 되어 중등부에 등반했을 때, 중등부에서는 신입 찬양팀을 선발했다. 우리 부부는 건희가 당연히 찬양율동팀에 지원할 거라 생각했지만, 그는 악기팀에 지원했고 그것도 키보드에 지원했다. 우리 부부는 그의 무모한 도전에 당황스러웠다. 나는 건희에게 '네가 피아노를 배운 건 초등학교 저학년 때 몇 달뿐인데 어떻게 중등부 예배 반주를 할 수 있겠냐'며 걱정했고, 담당 선생님께 전화해 건희의 지원이 잘못되었다며 찬양율동으로 바꿔 달라고 사정했다.

하지만 건희는 본인의 의지를 굽히지 않았다. '지금부터 연습하면 되고, 찬양팀을 지도해 주시는 선생님께서 가르쳐 주신다고 해서 가능하다'는 그의 말에 더 이상 싸우는 게 무의미하다고 느껴져 결국 뜻대로 해 보라며 손을 놓았다. 그리고 2년이 지나, 지난주 대예배에서 건희는 중등부 성가대 반주를 너무나 멋지게 완성해 냈다.

중등부 신입생 선발 당시 건희는 초등학교 마지막 겨울방학을 앞두고 있었다. 피아노를 몇 년 동안 치지 않아 부담이 되었는지 아내에게 부탁해 방학 동안 피아노 교습소를 다니기로 했다. 그때부터 건희는 방학이면 피아노 교습소에서 배웠고, 매일 최소 4시간 이상씩 연습했다. 학기 중에는 학교 수업이 끝나고 다른 학원을 다녀온 뒤 최대한 저녁을 일찍 먹고 주변 사람들에게 피해가 가지 않는 시간까지 피아노를 쳤다.

몇 달 지나지 않아 그의 피아노 실력은 놀라울 정도로 향상되었고, 가끔은 중등부 예배에서 보조 피아노 반주자로 섬길 기회도 얻었다. 그럴 때마다 그는 무척 기뻐하며 더 열심히 연습했다. 1년이 지나고 2학년이 되었을 때는 제법 피아노를 잘 다룬다는 평가를 받을 정도로 선생님과 동생들에게 인정받았다. 계명을 치는 수준을 넘어 코드를 보고 칠 수 있는 수준까지 실력이 향상되었다.

지금은 그 연습의 결과로 복잡한 코드의 곡도 쉽게 칠 수 있는 수준이 되었다. 저학년 때는 찬양팀 선배들 때문에 메인으로 피아노를 치지 못했지만, 지금은 중등부 최고 학년이 되어 찬양팀에서 본인의 자리를 잡고 학생회장을 겸하며 열심히 활동하고 있다. 지난주 대예배 중등부 성가대 순서에서 그는 단 한 점의 실수 없이 훌륭하게 자신의 실력을 보여 주었다.

건희를 알고 있는 교회의 많은 분들이 아낌없는 격려와 사랑을 보내 주셨고, 우리 부부에게도 칭찬해 주셨다. 나는 건희에게 미안한 마음이 들었다. 중등부 피아노 찬양팀 지원 당시 '너는 안 될 것이다. 기존에 했던 찬양팀을 해라'라고 했던 나의 생각이 틀렸음을 건희는 당당하게 증명해

보였다. 부모의 생각과 달리 그는 할 수 있다는 긍정적인 에너지로 긴 시간 자신과의 싸움에서 당당히 이겨 냈다.

하지 못한다고 단정 지었던 나의 생각이 틀렸음을 이제는 인정한다. 건희는 세상을 살아가며 필요한 도구를 스스로 개척하며 하나의 퍼즐을 완성했다. 그 퍼즐이 건희의 삶에서 어떻게 사용될지 무척 궁금하다. 하나를 스스로 만들었기에 다음 퍼즐은 더 쉽게 만들어 갈 수 있을 것이다. 앞으로 하나둘씩 완성될 건희의 퍼즐이 어떤 모습으로 완성될지 기대되고 궁금하다. 그런 건희가 내 아들이라는 것이 자랑스럽고 감사하다. 더욱 감사한 것은 그 밑바탕에 예수님의 십자가 그늘이 항상 자리 잡고 있다는 점이다. 그것을 꼭 기억하며 본인의 십자가를 책임지고 살아가는 건희가 되길 축복하고 기도한다.

한 번도 해 보지 않은 일에 대해 누구나 첫 느낌은 두렵고 떨린다. 오늘의 주인공인 영자 역시 코로나 기간 동안 학생이었지만 학생으로서의 특권을 전혀 누리지 못하고 제한적인 생활을 했다. 코로나가 완전히 종식되지는 않았지만 이제는 일상생활과 모든 상황이 코로나 이전의 모습으로 돌아가기 위해 변화하고 있다. 영자가 다니는 학교도, 교회도 그동안의 제한적이고 폐쇄적인 상황에서 벗어나 이전의 모습을 되찾아 가고 있다.

제한된 상황에서 학교 친구들을 만나지 못하다가 다시 만나니 코로나 이전과는 다른 느낌이었고, 예전의 모습으로 돌아가기까지 그 간극을 메우는 것이 쉽지 않았다. 하지만 영자의 밝은 성격과 적극성, 그리고 배려심 덕분에 그 시간을 단축할 수 있었다. 공백기를 메워 나갈 때 생기는 두려움은 새로운 친구를 만나는 것보다 덜하지 않았을 것이다.

그렇지만 두려움을 이겨 내고 생긴 자신감 또한 우리는 잘 알고 있다. 두려움을 이겨 내고 생긴 자신감이 지속되면 좋지만, 코로나로 인한 제한적이고 단절된 상황에서 생긴 공백기를 다시 이전의 모습으로 되돌리는 것은 쉽지 않다. 이런 어려운 과정 속에서도 잘 이겨 내고 있는 영자가 오늘 내 앞에서 함께 맛있는 저녁을 나누고 있다.

코로나로 인해 지나간 2년의 시간을 보상받을 수 있으면 좋겠지만, 취업을 준비하고 연애와 결혼을 생각해야 하는 나이가 된 지금, 영자는 무엇을 어떻게 시작해야 할지 막막해 고민이 많은 시간을 보내고 있었다. 그 와중에도 주일이면 교회에서 본인이 섬길 수 있는 자리에서 열심히 섬기고 있으며, 그 열정적인 모습에 여러 부서에서 많은 러브콜을 받아 가끔은 거절하지 못해 부담을 느낄 때도 있었다.

본인이 할 수 있는 범위에서 부담 없이 섬길 수 있으면 좋겠지만, 그 범위를 넘어서면 하고 있는 봉사도 부담이 되고 결국은 본인과 교회 모두에게 좋지 않은 상황이 될 수 있다. 때문에 본인이 할 수 있는 범위를 정하고 교회 일이라도 정중하게 거절할 수 있는 용기가 필요해 보였다.

부탁할 때는 받아들이는 분의 입장도 한 번쯤 생각해 보고 부탁해야겠다는 생각이 들었다. 교회 일을 하다 보면 다른 분께 부탁해야 할 일들이 많은데, 대부분 그 일을 잘하시는 분께 부탁하는 경우가 많다. 그러다 보면 내가 그분께 부탁한 것은 한 가지지만, 여러 명이 그분께 비슷한 부탁을 할 때가 많다. 결국 잘하는 한 사람에게 일이 몰리게 된다.

부탁을 받은 분들은 정작 본인의 일은 미루고 부탁받은 일을 먼저 하다 보면, 본업에 충실하지 못할 때가 생긴다. 그때가 되면 지금 하고 있는 일들에 대해 회의감이 들 때가 많고, 결국에는 모든 것을 포기하게 된다. 이런 상황을 만들지 않기 위해서도 정중한 거절은 필요하고, 부탁받은 분의 마음도 헤아려 주는 성숙한 신앙의 모습이 필요하다.

영자는 지난 2년 동안 아직 본인이 만들 수 있는 파이를 찾지 못했지만, 앞으로 충분한 시간이 있기에 본인의 파이를 찾기 위한 노력이 필요해 보였다. 감사하게도 어떤 재료를 사용해서 어떻게 반죽하고 숙성해 어떤 방법으로 구워 내야 보기에도 맛도 좋은 파이를 만들 수 있는지 이미 알고 있었다.

하지만 머릿속에만 있던 것을 현실로 만드는 것에 대한 두려움 때문에 아직 상상에만 머물러 있었다. 막상 시작하려 해도 어디서부터 어떻게 해야 할지 그 방법을 몰랐고 가르쳐 주는 사람도 없어서 시도하지 못했는데, 이번 만남을 통해 상상을 현실로 바꿀 수 있는 마음과 용기를 얻을 수 있었다고 했다. 그리고 어떻게 준비해서 본인만의 파이를 만들어 갈지 복잡했던 생각들이 정리되었다고 했다.

앞서 얘기한 건희가 무모해 보였지만 끝까지 노력해서 본인만의 파이를 완성하여 예배에 참석하신 성도님들과 하나님께 보여 드린 것처럼, 영자 또한 앞으로 남은 학교생활과 교회생활 가운데 본인만의 파이를 만들기 위해 노력하려는 모습에 무한한 박수와 응원을 보낸다.

며칠 동안 비가 계속 내려 밝은 날을 볼 수 없었는데 오늘은 비가 그쳐 햇살 가득한 아침을 맞이할 수 있었다. 비가 오고 난 후에는 항상 자연은 햇살 가득한 아침을 선사한다. 한 번도 본인만의 파이를 찾아보지 못한 사람은 어떻게 파이를 찾아야 하는지 그 방법을 찾기가 쉽지 않다.

하지만 방법을 찾기 위해 고민하고 생각하고 있다는 것만으로도 이미 반은 성공한 것이다. 그리고 어느 정도 시간이 지났을 때, 그토록 찾기 위해 갈망하던 파이를 선물처럼 찾을 수 있을 것이다. 그러기 위해서는 비가 오고 난 후 땅이 더 단단하게 굳듯이, 보기도 좋고 맛도 더 좋은 본인만의 파이를 위해 절대적인 시간이 꼭 필요하다고 생각한다. 그 시간이 힘들다고 생각하지 말고 즐기면서 본인만의 파이를 찾는 영자와 같은 청년들이 많아졌으면 좋겠다.

두려움을 극복하고 따뜻한 봄맞이

봄이 오면 전국 곳곳에 벚꽃이 만개하고, 사람들의 옷차림과 표정이 생기로 가득 찬다. 긴 겨울을 지나 맞이하는 봄은 마치 보상을 받는 듯한 느낌을 준다. 이 계절은 새로운 시작과 가능성을 상징하며, 모든 사람에게 희망과 도전의 메시지를 전한다.

인생의 소중한 시기 역시 봄과 닮아 있다. 새로운 꿈을 꾸고, 그 꿈을 실현하기 위해 노력하는 시간이다. 하지만 때로는 두려움과 불확실성이 발목을 잡는다. "내가 할 수 있을까?", "어디서부터 시작해야 할까?"와 같은 질문들이 마음을 무겁게 만들기도 한다. 그러나 중요한 것은 그 불확실함 속에서도 첫발을 내딛는 담대함이다.

건희와 영자의 이야기는 많은 이들에게 큰 영감을 준다. 건희는 피아노를 배운 지 몇 달밖에 되지 않았지만, 중등부 예배 반주자가 되겠다는 꿈을 포기하지 않았다. 그는 매일 몇 시간씩 연습하며 자신의 한계를 극복했고, 결국 대예배에서 멋진 연주를 선보였다. 그의 성공은 노력과 끈기가 불가능을 가능으로 바꾸는 과정임을 보여 준다.

영자 또한 코로나로 인해 어려운 환경 속에서도 밝은 성격과 적극적인 태도로 장애물을 극복했다. 그는 아직 자신만의 '파이'를 찾지 못했지만, 그 과정 속에서 두려움을 이겨 내고 자신감을 얻었다. 이제 그는 상상을 현실로 만들기 위한 준비를 시작하고 있다.

인생의 이 소중한 시기는 파이를 찾아가는 여정과 같다. 여기서 파이는 단순한 성공이나 결과물이 아니라, 자신의 열정과 재능을 담아 완성해 가는 '작품'이다. 이를 찾기 위해서는 먼저 자신을 돌아보고, 무엇을 좋아하는지, 무엇을 잘할 수 있는지를 고민해야 한다. 그리고 그 꿈을 향해 한 걸음씩 나아가는 것이 중요하다.

파이를 찾는 과정은 쉽지 않을 수도 있다. 때로는 실패와 좌절을 경험할 수도 있지만, 그 속에서 얻은 경험과 성장은 더욱 단단한 토대가 되어 줄 것이다. 비가 내린 후 땅이 더 단단하게 굳듯이, 어려움 속에서도 포기하지 않고 노력한다면 결국 나만의 결실을 만들어 갈 수 있다.

두려워하지 말자. 우리는 이미 마음속에 꿈을 품고 있고, 이제 그 꿈을 현실로 만들기 위한 첫걸음을 내딛기만 하면 된다. 그 여정에서 마주하게 될 어려움은 결국 더 큰 성공을 위한 발판이 되어 줄 것이다. 파이는 이미 준비되었고, 이제 우리가 해야 할 일은 그것을 찾아내고 완성해 가는 것뿐이다.

건희와 영자의 이야기처럼, 우리 앞에 펼쳐질 여정도 희망과 도전으로 가득하길 바란다. 파이가 어떤 모습으로 완성될지 기대하며, 그 과정을 함께 즐겨 나가길 응원한다. 이 시기는 짧지만, 미래를 위한 가장 소중한 순간이다. 파이는 이미 시작되었고, 그 시작은 충분히 의미 있다.

브라더 밥 프로젝트 1

✦ 사랑으로 엮어 가는 길 ✦

"새 계명을 너희에게 주노니 서로 사랑하라 내가 너희를
사랑한 것 같이 너희도 서로 사랑하라"

(요한복음 14:34)

한 주의 시작은 목장이 끝이 나면 시작되는 삶을 살아가고 있다. 그만큼 내 삶에서 큰 비중을 차지하고 있다고 해도 과언이 아니다. 남남이 만나서 서로 음식을 나누고 매주 모여서 삶을 나눈다는 것이 생각만큼 쉬운 일은 아니다. 그렇다고 내가 신앙심이 깊은 것도 아니다. 때로는 책임감으로, 때로는 사명감으로, 때로는 목원들의 짠한 모습이 그리워서 등 등 이 핑계 저 핑곗거리를 찾아 목장을 이어 가고 있다. 신앙심 없는 나에게 귀한 목원들과 식구라는 단어가 전혀 어색하지 않을 정도로 끈끈하고 정 많은 분들을 붙여 주셨기 때문에 나는 그저 자리만 지키고 있다.

오늘도 목자, 목녀의 수고를 덜기 위해 각자 준비해 온 야채 한 가지씩 비벼 먹기 위해 비빔밥을 하기로 지난주 목장 모임시간에 정했다. 그런데 주 메뉴인 비빔밥보다 더 다양하고 맛있는 음식들을 준비해 오셔서 목자와 목녀의 상이 부끄럽지 않게 가득 채워 주셨다. 어느 목원은 나물만 있으면 아이들이 먹을 것이 없다고 해서 아이들이 좋아하는 맛있는 양념불고기 반찬을 따로 만들어 오셨고, 어떤 분은 집에 부추가 조금 있어 비 내리는 금요일 저녁에 딱 맞는 전을 부쳐 오셨다. 그리고 어떤 분은 식사 후 먹을 후식까지 챙겨 오셔서 평범한 일상의 저녁 식사이지만 목원들의 헌신으로 평범함은 찾아볼 수 없을 만큼 훈훈한 사랑이 흘러넘

치는 잔치 분위기의 저녁식사를 함께 웃으면서 목원 식구들과 함께 만들어 가고 있다. 정말 상다리가 부러지도록 한상 차린 것 같다.

이런 목원들의 배려와 헌신과 사랑 덕분에 부족하지만 목장이란 이 자리를 지켜 나가고 있는 것 같다. 목원들께 너무 감사하고 또 감사하고 고맙다. 이런 마음들이 모인 우리 죽암목장은 그래서 항상 많은 주제와 본인의 진솔한 삶을 나누면서 서로 도전받고 위로하는 가운데 우리 모두가 어떻게 삶을 살아야 하는지 다짐하고 되새기며 함께 기도하고 있다. 그래서 보통 사람들과 다르게 목자인 나는 한 주의 시작을 좋은 기운을 받아서 목장 모임이 끝이 나면 한 주를 시작하는 삶을 살아가고 있는 이유가 여기에 있다.

사실 이런 삶의 시작을 처음부터 받아들인 것은 아니다. 이건 내가 원하는 삶이 아니란 생각을 가지고 부정하고 밀어내기에 급급했다. 하지만 나와 가장 가까운 곳에 살을 맞대고 살고 있는 아내와 그리고 아이들의 변화되는 모습들 때문에 내 속에 있는 부정과 밀어내기가 점점 내 삶에 스며들기 시작했고, 어느 순간 내 삶의 일부분으로 자리매김하고 있었다. 그걸 느끼고 있을 때 그제야 목장이 보이고 목원들이 느껴지기 시작했다. 모난 돌인 줄만 알고 있었던 내가 조금씩 조약돌로 다듬어 가는 것이 신기하고, 그 시간을 오랫동안 인내하고 참고 기다려 준 아내가 너무 감사하고 고맙다.

아내가 가끔 본인의 생각과 감정을 글로 나에게 보내 줄 때가 있는데,

오늘 내가 느끼고 있는 마음과 감정들이 닮은꼴인 것 같다.

목장을 향한 아내의 마음

금요일 저녁에 허물없이 찾아가 저녁 한 끼, 차 한 잔 마시고 싶다고 말할 수 있는 목장이 되었으면 좋겠다. 입은 옷을 갈아입지 않고 땀 냄새가 좀 나더라도 흉보지 않을 친구 같은 목장 식구들이 있는, 마음 편한 목장이 우리 집 가까이에 있었으면 좋겠다. 비 오는 오후나 눈 내리는 밤에 슬리퍼를 끌고 찾아가도 좋을 우리 친구 같은 목장 식구들과 밤늦도록 공허한 마음도 놓고 볼 수 있는, 나의 속내를 허심탄회하게 이야기를 나눌 수 있는 목장 식구들이 되었으면 좋겠다. 사람이 자기 아내나 남편, 제 형제나 제 자식하고만 사랑을 나눈다면 어찌 행복해질 수 있으랴…. 성경 말씀처럼 예수님 안에서 보약 같은 밥 한 끼 먹으며 천국 가는 날까지 서로 돕는 친구 같은 목장 식구들이 되었으면 좋겠다.

짧은 나그네 인생길에 주옥 같은 목장이 있어 감사하고, 함께 나눌 수 있는 식구란 이름이 전혀 어색하지 않은 목장 식구들이 있어 감사함으로 오늘도 내일도 살아가는 힘을 얻는 것 같다. 아침에 이런 마음들을 주셔서 감사하다.

목장의 따뜻함과 삶의 시작

목장 모임은 단순한 종교적 모임을 넘어, 다양한 사람들이 모여 관계를 맺고 헌신하는 과정을 경험하는 자리다. 나는 목장을 통해 진정한 관계란 서로의 시간과 노력을 기울이며, 작은 것이라도 나누고자 하는 마음에서 시작된다는 것을 깨달았다. 작은 배려와 헌신이 모여 큰 사랑을 만들어 가는 과정 속에서, 주변 사람들과의 관계에서도 작은 실천부터 시작할 용기를 얻었다.

처음에는 내가 원하는 삶과 맞지 않는다고 생각하며 목장을 멀리했다. 하지만 가장 가까운 곳에서 변화를 보여 준 아내와 아이들의 모습을 보며, 내 안에서도 서서히 변화가 시작되었다. 이 과정은 내 생각과 태도를 돌아보고, 변화를 두려워하지 않는 용기를 가질 수 있도록 나를 격려해 주었다. 변화는 작은 것에서 시작되며, 그 작은 변화가 결국 큰 성장으로 이어진다는 사실을 깨달았다.

목장에서는 서로의 삶을 진솔하게 나누고 소통하는 과정이 중요하다. 나는 자신의 이야기를 솔직하게 나누고, 타인의 이야기에 귀 기울이는 것이 얼마나 중요한지를 배웠다. 진솔한 나눔과 소통은 서로를 이해하고 위로하는 힘이 되며, 이를 통해 내 삶을 돌아보고 타인의 삶을 이해하는

데 큰 도움을 얻었다.

 또한, 아내와 목장 식구들의 인내와 기다림은 나에게 중요한 교훈을 주었다. 변화와 성장은 하루아침에 이루어지지 않으며, 인내심을 가지고 기다리며 서로를 응원하는 과정이 필요하다. 이러한 인내와 기다림은 결국 내 삶에서 의미 있는 변화를 만들어 가는 데 중요한 역할을 했다.

 마지막으로, 목장은 내게 삶의 시작과 의미를 다시 바라보게 한 조용한 전환점이 되었다. 화려하지 않은 순간들 속에서 진정한 삶의 가치는 시작되며, 스스로를 돌아보는 그 깊은 성찰이 나를 더 따뜻하고 단단한 사람으로 이끌어 주었다. 그렇게 작지만 진실된 변화는, 앞으로의 여정을 비추는 소중한 등불이 되었다.

브라더 밥 프로젝트 1

✦ 행복한 나로 홀로서기 ✦

"두세 사람이 내 이름으로 모인 곳에는
나도 그들 중에 있느니라"

(마태복음 18:20)

✦

 행복한 나로 살기 위해 꿈을 꾸고, 그 꿈을 실현하기 위해 계획을 세우는 일은 누구나 할 수 있는 일이지만, 그 꿈을 혼자만의 즐거움으로 끝내지 않고, 함께 나누며 현실로 만드는 일은 결코 쉽지 않다. 혼자라는 특수성과 현실의 무게 때문에 때론 쉽게 포기하고, "이건 내 길이 아니야"라며 나 자신과 타협하는 순간이 찾아오기 마련이다. 하지만 나에게는 죽암목장이라는 특별한 모임이 있다. 이 모임은 단순히 함께하는 것을 넘어, 내가 꿈꾸고 있는 모든 순간을 공유하며 소통할 수 있는 건강한 공동체다.

 죽암목장과 함께라면, 꿈은 더 이상 혼자만의 것이 아니다. 지난 토요일, 죽암목장 식구들과 죽암교회 목사님을 만나 이 꿈을 나누었다. 목사님의 따뜻한 환대와 정성 가득한 저녁 식사는 마치 집밥처럼 소박했지만, 그 안에는 사랑과 정성이 가득 담겨 있었다. 사모님께서 직접 기르신 싱싱한 채소 반찬과 내가 좋아하는 고등어자반까지, 정말 최고의 만찬이었다. 식사와 함께 나눈 대화는 더욱 풍성했다. 죽암목장 식구들과 함께 꿈꾸는 일들을 나누며, 그 시작을 어떻게 준비할지 함께 고민했다.

 여름이 되면 교회 행사 중 가장 큰 행사인 여름성경학교가 있다. 우리

교회도 영아부에서 청년부까지 분주히 준비하고 있지만, 시골의 작은 교회는 도시 교회와 달리 인원과 재정 등 모든 것이 부족하다. 특히, 아이들의 웃음소리조차 사라진 지 오래된 이곳에서 여름성경학교를 준비하는 것은 여간 어려운 일이 아니다. 그래서 죽암교회를 중심으로 동네 어르신들을 위한 시니어 여름성경학교를 계획해 보기로 했다. 목사님의 제안으로 주변 비슷한 교회들까지 초대해 함께하기로 했고, 주일 오후 3시부터 2시간 동안 수련회와 저녁 식사를 함께하는 일정으로 잡았다.

초원모임에서도 이 계획을 나누며, 초원 식구들이 참석하고 싶다는 의사를 밝혔다. 함께 마음을 모아 찬양워십으로 한 코너를 섬겨 주시기로 했다. 재정이 허락한다면, 참석하신 어르신들께 작은 선물도 드리고 싶은데, 이는 기도 중이다. 하나님께서 채워 주실 것을 믿으며, 이 일을 준비하는 모든 이와 함께 기도하고 있다.

꿈을 현실로 만드는 일은 결코 쉽지 않다. 하지만 혼자가 아니기에, 함께 기도하는 이들이 있기에 가능하다. 무엇보다 중보기도의 힘을 우리는 알고 있다. 시작을 해야 다음이 있고, 더 나은 모습으로 발전할 수 있다. 용기 내어 해 보려 한다. 한마디로 표현하자면, "혼자서는 할 수 없지만, 함께라면 못 할 것도 없다". 죽암목장과 죽암교회, 그리고 모든 이들이 함께하기에 이 꿈은 반드시 현실이 될 것이라 믿는다.

7월 30일, 꿈을 현실로 만드는 날이었다. 마을의 어르신들을 포함해 50여 명의 성도님들과 함께 은혜로운 시간을 가졌다. 2시간의 짧지 않은 시간 동안 연극 및 어린이 찬양율동과 목사님의 위트 있는 설교, 그리고 정말 유쾌, 상쾌, 통쾌한 홍 집사님의 레크레이션으로 극강의 분위기 속에서 알차고 행복한 순간이었다. 그리고 함께 맛난 저녁까지 함께 하면서 평소 교회에 나오지 않으시는 어르신들도 교회에 참석해 함께 예배도 드리고 즐겁게 찬양도 하는 모습 속에 참석했던 많은 성도님들이 더 큰 은혜를 받았다고 했다. 마치고 돌아가며 몸이 불편하신 가운데도 손을 흔들어 주시고 말씀을 해 주시는 모습에서 감동과 은혜가 흘러넘치는 시간이었다.

마을회관에 들러 인사드리는데 내년에도 꼭 하면 좋겠다는 말씀과 함께 꼭 참석하겠다는 말씀, 그리고 너무 수고했다는 아낌없는 칭찬과 마음을 전해 주셔서 집에 오는 발걸음이 천사의 날개를 단 것처럼 가벼워 훨훨 날아갈 뻔했다. 정말 감사하고 내년에는 올해보다 더 많이 고민하고 기도하는 가운데 목원 식구들과 함께 준비할 것이다. 이를 위해서 함께 기도 부탁드린다.

함께 참석해 주신 모든 분들께 감사드린다.

- 죽암목장
- 죽암교회
- 구미남교회 유치2부 연극팀
- 죽암제일교회
- 회상교회

- 달래마을 어르신
- 대바위마을 어르신

함께라면 꿈은 현실이 된다

누구에게나 인생의 어느 순간, 마음속에 품은 꿈을 향해 한 걸음 내딛는 용기가 필요할 때가 있다. 하지만 현실의 무게와 외로움이 때로 우리를 주저앉게 만들고, '이건 내 길이 아닐지도 몰라'라는 생각이 들며 타협하거나 포기하고 싶은 마음이 들 때도 있다. 혼자의 힘으로는 닿기 어려운 그 꿈도, 함께하는 누군가가 있다면 비로소 현실이 된다. 마음을 나누며 함께 걸어가는 이들이 있을 때, 그 꿈은 단순한 상상이 아닌 현실로 이어지는 희망이 된다.

죽암목장은 단순히 함께 만나는 모임을 넘어, 꿈을 공유하고 소통하는 건강한 공동체다. 이곳에서 목원들은 서로의 꿈을 나누고, 그 시작을 함께 준비하며 힘을 얻는다. 시니어 여름성경학교라는 큰 행사를 준비하는 과정에서, 도시 교회와 달리 부족한 인원과 재정 속에서도 포기하지 않고 오히려 동네 어르신들을 위한 시니어 여름성경학교를 계획했다. 이 행사는 단순한 이벤트를 넘어서, 마을 전체가 하나 되어 서로를 알아 가는 뜻깊은 계기가 되었다.

함께 기도하고 준비하는 과정 속에서 목원들은 중보기도의 힘을 경험했다. "혼자서는 할 수 없지만, 함께라면 못 할 것도 없다"는 말처럼, 서로를 응원하고 지지하는 이들이 있었기에 이 꿈은 현실이 될 수 있었다. 7월 30일, 50여 명의 성도님들과 함께한 시니어 여름성경학교는 단순한 행사가 아니라, 웃음과 은혜가 넘치는 축제의 시간이 되었다. 연극, 어린이 찬양율동, 목사님의 유머 있는 설교, 그리고 유쾌한 레크리에이션까지 모든 순간이 알차고 행복했다.

이 경험은 목원들에게 큰 희망과 용기를 주었다. 평소 교회에 나오지 않으시던 어르신들도 함께 예배드리고 찬양하며 기쁨을 나누는 모습은 모두에게 큰 은혜가 되었다. 행사가 끝난 후, 마을 어르신들의 따뜻한 칭찬과 격려의 말씀은 목원들의 마음을 가득 채웠다. "내년에도 꼭 했으면 좋겠다"는 기대와 함께, "고생 많았어요"라는 따뜻한 한마디가, 다시 한번 꿈을 향해 나아갈 힘이 되어 주었다.

꿈을 꾸는 것은 누구나 할 수 있지만, 그 꿈을 현실로 만드는 일은 함께할 때 가능하다. 현실의 무게에 눌려 포기하지 말고, 함께 꿈꾸며 준비하는 이들이 있다면 그 꿈은 반드시 이루어진다.

내년에는 올해보다 더 깊이 고민하고 기도하며 준비할 것이다. 꿈은 꿈꾸는 사람의 몫임을 명심하고, 이를 현실로 만들기 위해 혼자가 아닌 함께 나아가길 바란다.

브라더 밥 프로젝트 1

✦ 엄마라는 이름으로 ✦

"여호와를 경외하는 것이 지혜의 근본이요
거룩하신 자를 아는 것이 명철이니라"

(잠언 9:10)

어른이 되어 간다는 것이 한 해, 두 해 나이를 먹어 간다고 해서 어른이 되어 가는 것은 아닌 것 같다.

아이가 자라서 결혼을 하고 부모가 되는 과정 가운데 수많은 일들을 경험하고 인내하고 기다림의 시간을 흘려보낼 때 나를 드러내기보다 나를 낮추고 겸손함을 배워 갈 때 어른의 모습으로 조금씩 닮아 가는 것 같다.

요즘은 아내가 딸의 모습이 아닌 엄마의 모습으로 변화하는 삶을 살고 있다는 것을 은연중에 많이 느끼고 있는 것 같다.

아내는 나와 결혼하기 전까지 넷째 막내딸로 장모님과 장인어른의 사랑을 듬뿍 받으면서 살았다.

나를 만나서 그해 결혼을 하고 엄마와 아빠의 사랑과 그리고 나의 사랑을 받으면서 천년만년 행복하게 살 줄 알았는데 현실은 냉정하게도 행복한 시간을 오래 주지 않았다.

결혼한 그다음 해 장모님은 하나님의 부르심을 받아 하늘나라 천국으로 가셨다.

막내딸의 결혼 준비 및 넉넉지 않은 집안 살림에 보탬이 되기 위해서 농촌에서 할 수 있는 모든 힘든 일을 감내하시면서 묵묵히 본인의 삶보다는 가족들의 삶을 위해 살아오셨다. 평소 지병도 있고 많이 아프셨을 것인데 본인의 몸은 돌보지 않고 네 명의 자식을 가진 엄마라는 이름이 부끄럽지 않은 삶을 사셨던 것 같다. 특히나 항상 걱정인 막내딸을 제일 많이 걱정하고 기도하셨다. 그래서 짧은 나와의 만남이지만 다른 사위들보다 더 많은 사랑과 따뜻한 마음으로 나를 품어 주셨다. 짧은 인연의 인생길에 만난 두 사람이지만 장모님께서 니에게 베풀어 주신 사랑은 그 무엇과도 비교할 수 없을 만큼 진한 감동과 은혜와 사랑이 가득했다.

그 사랑을 오랫동안 느끼면서 함께 아들로 살고 싶었지만 현실은 우리의 이런 행복을 질투라도 하듯이 그다음 해에 하늘나라로 데려가셨다.

추측하건대 평소 지병이 있으셨는데 항상 깨물어도 아픈 손가락인 막내딸을 시집보내고 나니 당신이 하셔야 할 일이 다 끝났다는 안도감에 한동안 마음이 편안하셨던 것 같다.

실상은 장모님의 몸이 점점 더 나빠지고 있었지만 막내딸 결혼식 준비 등으로 그걸 까마득하게 모르고 지내셨던 것 같다. 잠시 짧은 행복한 순간 뒤에 찾아올 불행은 느끼지 못하고 지내다가 안동의 큰 병원에서 대구대학병원으로 그리고 서울의 큰 병원으로 병원을 옮기며 치료하는 가운데 나와의 짧은 만남을 뒤로한 채 그만 돌아가셨다.

장모님이 돌아가시고 귀한 아이를 주셨는데 그게 우리 큰아들 건희다. 처가 쪽으로는 딸만 있어 아들이 없었는데 건희가 처가 쪽으로 보면 첫아들이다. 한 분의 고귀한 인생이 하늘나라도 가시고 그 빈자리를 귀한 아들로 채워 주신 하나님께 감사하며 또 한편으로는 장모님께서 귀한 선물을 우리 부부에게 주고 가신 것 같다.

그리고 아내는 이별의 아픔이 채 가시기 전에 준비도 되지 않은 채 갑자기 엄마가 되고 말았다.

이별의 흔적을 시간의 흐름에 함께 흘려보내기 위해서 아내는 혼자서 참 많이 울었다. 그리고 그것을 들키지 않기 위해서 딸에서 준비도 되지 않은 엄마이지만 돌아가신 장모님이 아내에게 주었던 사랑을 지금의 아이들에게 정신없이 나눠 주면서 살아가고 있는 것 같다. 그러면서 아내는 딸에서 엄마로 본인의 자리를 점점 세워 가고 있는 것 같다.
그 마음이 담긴 아내의 감사한 글을 함께 나눈다.

하루가 감사한, 딸에서 엄마가 되어 가고 있는 아내
한 아이를 키우는 데 온 마을이 필요하다는 말처럼 난 살면서 정신없이 육아를 했고 수많은 시행착오를 하고 또 지금도 하고 있다. 그 과정에서 많은 사람들에게 많이 물어도 보고 도움도 많이 받은 것 같다.
지금도 시행착오를 반복하고 있는 진행형이다. 아이들이 자랄 때는 정신없이 키우다가 어느새 조금씩 나의 빈틈과 허점이 보일 때는 나의 마음이 한없이 조급해지고 불안해진다.

친정 엄마의 부재는 이런 나의 조급증과 불안감에 한몫한 것 같다. 아이들을 키울 때 참 많이 불안하고 초조할 때 친정엄마가 '괜찮다. 너희들도 다 그렇게 컸다'고 한 마디만 해 줘도 그렇게 불안하지 않을 텐데. 이렇게 부족하고 못난 부모를 세상에서 제일 최고라고 말해 주는 아이들이 나에게는 무려 3명이나 있어 참 감사하고 고맙다.

여호와를 경외하는 것이 지식의 근본임을 알고 자신으로 많은 사람들에게 도움을 주는 사람으로 크길 기도한다. 그리고 아이들이 배워서 남 주는 삶을 살아가는 사람이 되었으면 좋겠다.

아이들이 자신의 삶을 적극적으로 살아가는 것에 감사하고, 아이들이 꿈과 비전을 통해서 희망을 가지고 있는 것에 감사하다. 그리고 교회와 학교에서 아이들을 많이 사랑해 주시고 도와주시는 좋은 선생님들을 만나게 해 주셔서 감사하다.

특히 막둥이 라희가 너무 늦지 않게 성조숙증 치료를 받을 수 있어 감사하고, 재희가 구미남교회 어린이 목자대표로 어린이 목자 컨퍼런스에 참석할 수 있어서 감사하다. 이처럼 오늘도 모든 것이 감사하고 또 감사한 하루다.

딸에서 나에게는 사랑스러운 아내이고 아이들에게 세상에서 최고인 엄마가 되기까지 수많은 시간을 인내하며 기도로 순종하는 삶을 살아가고 있는 사랑스러운 아내의 인생길 가운데 하나님의 축복과 사랑과 은혜가 늘 함께하길 기도하고 응원하고 싶다.

그리고 이제는 내가 아내에게 장모님을 대신해서 이 말을 꼭 해 주고 싶다.

'사랑하는 막둥이 은아야, 괜찮다. 너희들도 다 그렇게 컸다.'

어른이 되어 가는 길

　어른이 되어 간다는 것은 단순히 나이를 먹는 과정이 아니라, 경험과 인내, 기다림의 시간을 통해 자신을 낮추고 겸손함을 배우는 과정이다. 이 여정은 각자의 삶 속에서 다양한 형태로 나타나며, 특히 가족을 통해 그 의미가 더욱 깊어진다.

　결혼과 부모로서의 삶은 새로운 도전과 책임을 안겨 준다. 사랑하는 사람을 만나고, 자녀를 키우며, 가족의 일원으로서 역할을 다하는 과정에서 우리는 진정한 어른으로 성장한다. 이 과정에서 겪는 어려움과 기쁨은 우리를 더욱 성숙하게 만들고, 삶의 가치를 깨닫게 한다.

　본문에서는 아내의 이야기를 통해 어른이 되어 가는 과정을 보여준다. 그녀는 딸에서 엄마로 변화하며, 준비되지 않은 상황 속에서도 사랑과 헌신으로 가족을 돌본다. 친정 엄마의 부재와 갑작스러운 이별의 아픔 속에서도 아이들을 위해 기도하며 최선을 다해 살아간다. 그녀의 이야기는 우리에게 희망과 용기를 준다.

　어른이 되어 가는 길은 결코 쉽지 않지만, 그 여정 속에서 우리는 점차 더 깊고 단단한 사람이 되어 간다. 삶이 고되고 외로운 순간에도 우리는 매일 무거운 몸을 일으켜 하루를 시작하고, 밤이 되면 지친 마음을 조용히 다독이며 작은 희망과 꿈을 품는다. 때때로 끝없는 시련에 지칠 때도 있지만, 사랑하는 가족의 미소와 친구의 따뜻한 한마디, 그리고 다가올 내일의 가능성이 다시 일어설 용기를 준다.

이러한 시간이야말로 우리를 성장하게 만들며, 단지 흘러가는 날들이 아니라 나 자신을 새롭게 정의하고, 다가올 미래를 준비하는 소중한 과정이다.

비록 길이 험하고 멀지라도, 그 끝에는 분명 더 큰 기쁨과 깊은 성장이 기다리고 있을 것이다. 오늘도 감사의 마음으로 하루를 마주하고, 내일을 향해 한 걸음씩 천천히 나아가길 바란다.

브라더 밥 프로젝트 1

✦ 아내, 러닝화 끈을 묶다 ✦

"너의 행사를 여호와께 맡기라
그리하면 네가 경영하는 것이 이루어지리라"

〈잠언 16:3〉

✦

　　운동화 한 켤레 후다닥 신고 문 밖으로 나가면, 당신이 있는 곳이
　바로 여기 자유.

　　　　　　　　　　　　　　　　　　　　　　　　　- 좀 제론

　세상에 새롭게 생겨난 말을 신조어라고 한다. 요즘 생긴 말들 중 처음 취미 활동에 입문하거나 모르는 것을 새롭게 시도할 때 쓰는 용어들, 헬린이, 요린이, 주린이, 골린이, 부린이 등 현재는 아직 뭔가 부족하고 너무 초보스러워서 그 분야에는 인정받지 못한 자들에게 하는 말들이다. 아내는 올봄 우연히 동네 한 바퀴 돌아 본 것을 계기로 러닝이란 걸 처음 접하게 되었다.

　혼자 뛰기에는 영 자신이 없어서 지역 크루를 우연히 알게 되었고 카페에 가입하게 되었다. 올해 초 카페에 가입하고 처음 러닝 모임에 나가기까지 석 달의 시간이 걸렸다. 카페에 가입해서 매일매일 러닝 후 인증 사진들을 봤는데, 전문 러너 같은 신체 건강해 보이는 무리들을 본 40대 후반의 아내는 '내가 과연 이 무리에 들어서 뛸 수 있을까?' 하고 시작도 하기 전에 기가 죽어 있었다.

하지만 아내는 용기를 내어 카페 부매니저에게 말을 걸었다. "저기요, 러닝을 처음 해 본 사람이고 40대 후반 여자도 가입해서 뛸 수 있나요?"라고 물어보았다. 부매니저님의 대답은 의외로 꽤나 긍정적이었다. 누구나 뛸 수 있는 거리와 속도란 말에 아내는 3월 어느 토요일 러닝 모임에 처음 나가게 되었다.

카페 닉네임을 뭘로 할지 정해야 되어서 처음에 '달려서 머하니'로 이름을 지었다. 아내는 정말 달릴 목적과 이유를 알고 싶었고 무작정 뛰고 싶었기에 그 이유를 찾고 싶어 했다.

아내는 취미란 게 좋아하면 누구나 잘할 수 있는 줄 알았고, 끓어오르는 열정만 있으면 다 되는 줄 알았다. 그리고 뛰는 건 누구나 뛸 수 있으니 멀쩡한 두 다리와 발과 운동화만 있으면 되는 줄 알았다. 그랬던 중년의 아내가 동네 한 바퀴 돌고 8:30 페이스로 뛰기 시작하면서 본인의 차이를 찾아가고 있는 이야기를 하려고 한다.
다음의 글은 아내가 직접 쓴 글을 정리한 것이다.

> 마라톤은 나에게 부작용 없는 약과 같아요.
> 언제나 울적할 때에는 달리면 웃으며 집에 올 수 있었으니까요. 늙었다고 주저하지 말고 당신이 원하는 것이라면 도전해야 해요.
> – 페냐 크라운(Pena Crown), 미국의 최고령 여성 마라토너

새벽 5시 러닝 시간에 참석하려면 최소 집에서 4시 40분에는 집에서

출발해야 한다.

처음에 뛴 거리가 아주 천천히 7km 정도인 것 같다.

그리고 오후에 있는 번개런에 참석했다.

벚꽃이 한창이었고 날씨도 따뜻하니 맨 뒷줄에 서서 벚꽃 비를 맞으며 딴딴딴딴 크루원들의 발소리를 들으면서 뛰니 꼭 몽유도원에 온 것 같았다.

그냥 세상 걱정 많은 나에게 조금의 숨 쉴 틈을 허락해 준 것 같았다. 세상 살면서 크고 작은 걱정들, 내 뜻대로 안 되는 일들, 이런 잡생각을 잠시나마 잊을 수 있었다.

하지만 동네 몇 바퀴 뛰어 본 게 다인 나에게는 하루에 7~10km라는 거리는 꽤 긴 거리였고 뛰다 보니 어느새 숨이 차고 발걸음이 느려지면서 고개가 떨구어지는 자세와 뛰기와 걷기의 중간 자세인 총총걸음으로 겨우 거리를 채울 수 있었다.

다시 돌아가기에는 너무나 먼 거리였고 그렇다고 힘을 내기엔 몸에 에너지가 없는 상태였다.

같이 뛰던 크루원이 벚꽃나무에 보였다가 안 보였다가 결국 강변의 인파들 사이로 사라져 버렸다. 그 순간 외롭고 허전하다는 생각이 들면서 나의 살아온 삶과 비슷하다는 생각이 들었다.

유년 시절을 거쳐 초중고를 지나 대학을 나와서 직장을 다니고 결혼해서 자녀를 출산하고 누군가 항상 옆에 있었지만 내 인생을 살아가는 건 결국 나 혼자밖에 없구나, 하는 생각이 들었다.

저녁 석양이 어슴푸레할 때 즈음 벚꽃비를 맞으며 산책하러 나온 사람들의 옆을 지나쳐 저기 멀리 보이는 피니시 지점까지 막 달려갔다.

정말 죽을힘을 다해 달렸다.

아직 가지 않고 기다리는 크루원들의 환호 소리가 들리자 이상하리만큼 힘이 났다.

그 환호 소리가 지금 현재 10km를 꾸역꾸역 달려온 나에게 환호하는 것이 아니라 48년 살아온 인생, 크게 화려하지도 않은 인생 점수인 것 같았다. 누군가와 비교해 봤을 때 세팅도 잘못되고 포커스도 안 맞는 인생을 향해 격려해 주는 것 같았다.

러닝할 때 출발점은 같지만 어느새 파이가 나고 옆에 있는 사람이 내 눈앞에서 사라지기도 한다.

그 후 또 누군가가 나를 향해 "파이팅!"이라고 외쳐 준다. 살면서 러닝하면서 파이팅 소리를 제일 많이 들어 본 것 같다.

그 '파이팅'이란 세 글자, 아무것도 아닌 것 같은데 그 소리만 들으면 힘이 나고 지친 발걸음도 빨라진다. 나도 누구의 인생에 파이팅을 외쳐 줄 수 있을까?

러너가 죽으면 먼저 가 있던 신발들이 마중 나온다는 얘기가 있다. 이 이야기는 러닝을 하는 사람이라면 한 번쯤 들어 본 적이 있을 것이다. 그만큼 러너들에게는 신발은 생명과도 같다.

러닝 시작하고 2주째 이상하리만큼 알람 소리를 잘 듣는다. 그냥 한 치의 망설임 없이 원스톱으로 옷을 입고 세수를 하고 신발을 구겨 신고 후다닥 뛰쳐나간다. 집과는 거리가 있는 트랙이 있는 운동장에서 오늘도 오로지 뛰기 위해 모여든 사람들과 함께 가볍게 인사를 나눈 후 몸을 풀고 각자의 그룹에 맞게 뛰기 시작한다.

러닝 2주 차인 나는 제일 느린 그룹의 제일 끝에서 거친 숨소리를 내며 그룹에서 떨어졌다 붙었다를 반복하며 겨우 따라가고 있다.

어느 정도 시간이 지나서 얼굴을 알아보고 겨우 인사하는 분들이 조금씩 생겨났고 말 건네는 분들도 생겨났다. 그분들이 말하길 내가 기존 크루원들과 거리 차이가 많이 나서 아마 다음 모임은 안 나오리라 예상하셨다고 했다. 그런데 이렇게 꾸준히 나오는 게 신기하다고 말씀하셨다. 그러면서 하는 말이 "신발 불편해 보이는데 괜찮으세요?" 러닝화가 아니어서 불편해 보인다고 하셨다. 나는 러닝화가 따로 있다는 것을 그때 처음 알았다. 운동화면 다 같은 운동화라 생각했는데 러닝화의 존재를 몰라본 거다. 또 러닝화 중에서도 입문자용과 상급자들이 신는 신발도 다르다는 걸 알게 되었다. 평상시 가벼운 조깅에 신는 러닝화 그리고 대회와 장거리용으로 속도를 내기 위해 신는 러닝화가 있다는 걸 처음으로 알게 되었다.

정말 러닝에는 무지렁이었다.

그때부터 러닝화 폭풍 검색이 시작되었고 앉으나 서나 러닝화만 생각한 것 같다.

새로운 러닝화가 출시되는 날이면 카톡방의 열기가 후끈하게 달아오르기도 했다.

그날의 화두는 신발에서 시작해서 신발로 끝난다.

그만큼 러너들은 신발을 사랑한다.

러너가 죽으면 먼저 간 무릎 관절이 마중 나온다고 하는 농담 섞인 말이 있다. 러닝은 정말 몸에 좋은 운동임에는 틀림없지만 너무 욕심을 내서 무리하다 보면 부상을 피할 수 없다.

뛰다 보면 욕심이 생겨 더 빨리 달리고 싶고 더 좋은 기록을 내고 싶다 보니 러너들이 신발 욕심은 절대 포기 못 하는 것 같다.

아직 근육이 발달되지 않은 상태에서 상급자용 카본화를 신게 되면 무릎과 발목과 고관절에 무리가 온다. 그래서 요즘 카본화 상시 단속반이라는 말도 있다. 아직 준비되지 않은 대회 경험이 없는 의욕만 앞서는 초보 러너들에게 하는 이야기다. 이 이야기는 물론 재미 삼아 지어낸 이야기이지만 결국 자기 수준에 맞는 러닝화를 신도록 권하는 것이다.

나와 맞는 신발을 찾아 헤매다 보니 어느새 5~6켤레의 러닝화를 구매하게 되었고 나도 모르게 발 많은 지네가 되어 가고 있다. 좋은 러닝화를 신어서 빨리 달려서 좋은 기록을 내는 것도 좋지만 그런 욕심 다 내려놓고 뛰면서 느끼는 행복을 느끼고 싶다.

뛰다 보면 내 안에 있는 욕심도 버리게 되고 세상 걱정도 잠시 내려놓을 수 있고, 새벽에 해가 떠오르는 풍경과 나무들을 볼 수 있어서 좋다. 너무 빨리 뛰면 그런 풍경은 절대 볼 수 없는 것들이다.

천천히 뛰지만 즐겁고 행복하게 뛰는 최고령 러너가 되는 게 나의 목표이자 꿈이다.

오늘도 런린이는 달린다.

펀펀런런!! Fun Fun Run Run!!

작은 도전이 만드는 특별한 일상

　인생은 마치 마라톤과 같다. 시작부터 결승점까지, 때로는 숨이 차고 발걸음이 느려질 때도 있지만, 결국 중요한 것은 멈추지 않고 나아가는 것이다. 본문의 이야기는 아내가 러닝을 통해 자신의 삶을 돌아보고, 새로운 도전을 시작하며 얻은 깨달음을 담고 있다.

　처음 러닝을 시작할 때, 아내는 자신의 부족함과 초보자라는 사실에 기가 죽었다. 하지만 용기를 내어 지역 러닝 크루에 가입하고, 꾸준히 뛰며 자신만의 페이스를 찾아갔다. 처음 시작하는 모든 일은 두렵고 부족해 보일 수 있다. 그러나 중요한 것은 시작이고, 그 시작이 결국 성장으로 이어진다는 점이다.

　러닝은 단순히 운동 이상의 의미를 가진다. 아내는 러닝을 통해 일상의 걱정과 스트레스를 잠시 내려놓고, 자신의 삶을 되돌아보는 소중한 시간을 가졌다. 치열한 삶 속에서 잠시 멈춰 자신을 돌아보는 시간은 누구에게나 필요하다. 그 시간은 새로운 에너지를 충전하고, 앞으로 나아갈 방향을 찾는 데 큰 도움이 될 것이다.

　또한, 아내는 러닝화를 통해 자신에게 맞는 도구를 찾는 것의 중요성을 깨달았다. 자신의 목표와 상황에 적합한 도구와 방법을 선택하며, 무리하지 않고 꾸준히 성장하는 것이 핵심이다. 때로는 욕심을 내려놓고 천천히 나아가며 행복을 느끼는 것이 더 큰 가치를 가질 수 있다는 것을 알게 되었다.

무엇보다, 러닝을 하며 아내는 "파이팅!"이라는 말이 지닌 따뜻한 온기를 온몸으로 느꼈다. 지나가던 이가 무심히 건넨 응원의 한마디, 함께 숨을 고르며 달리는 이들의 존재는 마음 깊은 곳에 잔잔한 울림을 남겼다. 혼자가 아니었기에, 함께였기에 그 여정은 더욱 빛날 수 있었다.

삶은 언젠가 끝나는 마라톤이지만, 그 속에 남긴 하루하루는 충분히 소중하고 아름답다. 우리는 너무 멀리 가지 않아도 괜찮다. 때로는 걸음을 늦추어 스스로를 돌아보고, 다정한 이들의 숨결을 느끼며, 그렇게 천천히 나아가는 길도 있다.

이 작은 이야기가 누군가의 마음에 따뜻한 불빛 하나로 스며들기를 바란다. 새로운 시작을 앞둔 이에게는 용기가, 길 위에 선 이에게는 위로가 되기를.

"펀펀런런! Fun Fun Run Run!"
오늘도 우리는 달린다. 그 달리기가, 인생이, 당신의 하루가… 조용히 빛나길 바란다.

괜찮아, 같이 밥 먹자

ⓒ 김병환, 2025

초판 1쇄 발행 2025년 7월 25일

지은이	김병환
펴낸이	이기봉
편집	좋은땅 편집팀
펴낸곳	도서출판 좋은땅
주소	서울특별시 마포구 양화로12길 26 지월드빌딩 (서교동 395-7)
전화	02)374-8616~7
팩스	02)374-8614
이메일	gworldbook@naver.com
홈페이지	www.g-world.co.kr

ISBN 979-11-388-4509-0 (03230)

- 가격은 뒤표지에 있습니다.
- 이 책은 저작권법에 의하여 보호를 받는 저작물이므로 무단 전재와 복제를 금합니다.
- 파본은 구입하신 서점에서 교환해 드립니다.